福建省档案馆
福建省档案学会 编

档案有什么用

第二辑

海峡出版发行集团 | 福建美术出版社

《档案有什么用？（第二辑）》编委会

主　任：卓兆水

副主任：黄建峰　马俊凡　游富明

主　编：黄建峰

副主编：纪　峰　颜梓森　陈惠芳

编　辑：余　颖　陈　昕　林燕玲　陈　亚　卓锋锦
　　　　赵宝娟　张玉军

■ 序 言

卓兆水

档案到底有什么用？

2016年，在"十二五"结束之际，为通俗易懂地向社会公众阐述档案的用途，原福建省档案局（馆）编撰出版《档案有什么用？》，获得热烈反响。

回顾"十三五"，全省档案部门紧紧围绕党和国家工作大局、人民群众查档需求，不断改进方式、创新手段、提升质量，接待查档者487.7万人次，提供档案利用629万卷（件）次，有效发挥了档案公共服务功能。五年来，全省各级档案馆热情服务一批又一批学术文献研究者、历史文化爱好者、档案资料利用者、个人信息查阅者，为他们的学习、工作、生活带去无数惊喜和便利。

众所周知，在经济社会发展层面，从依法决策、推动建设到规范管理、日常运维，档案作用必不可少；在公众个人层面，从身份确认、工种认定到退休工龄计算、养老金领取等涉及的合法权益，如遇到困扰，有了档案便可迎刃而解。无数事例证明，档案服务的是民生、凝聚的是民心，筑牢的是党和国家事业的基石。

2021年，在"十四五"开局之年，习近平总书记对档案工作作出重要批示，指出"档案工作存史资政育人，是一项利国利民、惠及千秋万代的崇高事业"，提出档案工作四个"好"、两个"服务"目标任务，为做好新时代档案工作指明了方向。新修订的档案法正式施行，档案工作五项重点任务明确写入我省国民经济和社会发展"十四五"规划，档案事业"十四五"发展规划落地实施，全社会对档案的认知提升到了前所未有的高度。

我们处在最好的时代，也面临不少困难挑战。为贯彻落实习近平总书记关于做好新时代档案工作的重要指示精神，福建省档案馆、省档案学会整合多方资源，立足全省档案利用实践成果，编辑出版《档案有什么用？（第二辑）》。精心挑选的"十三五"期间120则档案利用实例，展现了各类档案为脱贫攻坚、新冠肺炎疫情防控等中心工作提供基础支撑，为依法依规推动经济社会发展提供资政参考，为庆祝建党百年、融合多元文化提供特色资源，为回应民生热点、群众期盼提供事实依据……本书既延续了第一辑的老传统，生动展示档案利用丰富成果，又增添了与时俱进的新内涵，引领拓展新形势下档案利用创新方式，是一本名副其实的展示卷和工具书。

问渠那得清如许？为有源头活水来。希望《档案有什么用？（第二辑）》的付梓，以及今后每五年编辑出版的《档案有什么用？》，既帮助广大群众走进档案、认识档案、用好档案，更激励广大档案工作者持续践行"激情、和谐、规范、快捷"工作作风，坚守初心、笃行不怠，服务党和国家工作大局、服务人民群众，为奋力谱写全面建设社会主义现代化国家福建篇章贡献档案力量。

是为序。

（作者系中共福建省委办公厅厅务会议成员、福建省档案局局长，福建省档案馆党组书记、馆长）

Contents 目 录

序 言 ………………………………………………………… 01

资政建设

擦亮侨批品牌　讲好中国故事 ……………………………002

发挥红色资源优势　服务党史学习教育 …………………009

以档为鉴　资政参考 ………………………………………013

最是风雨显初心　档案助力战疫情 ………………………017

打造教育基地　服务党史学习 ……………………………021

助力湄洲"零碳"岛建设 ……………………………………025

影像档案服务房屋结构安全平台建设 ……………………028

服务党内清规　助推法治建设 ……………………………030

"村档乡管"助干部人事档案核查 …………………………032

档案"制图"　助力行政区划调整 …………………………034

为了电力设施的安全 ………………………………………036

数字档案为工程结算提速 …………………………………038

档案助攻　电靓山河 ………………………………………040

保障"生命之舱" ……………………………………………043

房屋扩建移线　究竟谁来买单？ …………………………046

守护万家灯火 ………………………………………………048

圆满解决"讨薪事件" ………………………………………050

以档为凭获补数万 …………………………………………053

从"大海捞针"到"探囊取物" ………………………………055

001

水泥杆的"华丽转身" ········· 057

地形图辅助叶蜡石矿调查 ········· 059

百年气象站专题资源库的档案元素 ········· 061

气象观测数据助力热岛效应研究 ········· 065

档案维护国有资产 ········· 067

电力抢修进行时 ········· 070

档案化解山界纠纷 ········· 073

一纸协议确定水库归属 ········· 075

打赢"金砖燃气保卫战" ········· 077

档案助推桃溪流域综合治理 ········· 078

档案保障"中国女排娘家"基地建设 ········· 079

消防图纸助领公共维修基金 ········· 081

确认权属 保障征迁 ········· 083

档案化解土地确权难题 ········· 086

档案为征迁工作保驾护航 ········· 088

档案保障铁路征迁工作 ········· 090

古民居档案化解收益分配难题 ········· 092

文化传播

追忆廖俊波 ········· 096

弘扬谷文昌精神 ········· 098

囊萤之光引领厦大 ········· 100

忆峥嵘岁月 赞辉煌成就 ········· 102

红色基因代代传 ········· 104

党旗映前岐 ········· 106

展览馆内话忠诚 ········· 108

印证南树村红色历史 ········· 110

壮哉！长征中的闽西儿女 …… 111
为申遗贡献档案力量 …… 113
档案架起沪明连心桥 …… 115
佐证一段山海情 …… 118
探寻鼓岭邮史 …… 120
莆田百年医学 …… 123
千年古刹的传承 …… 125
百年华侨情 …… 127
追溯片仔癀发展史 …… 129
中孚药行的前世今生 …… 131
古徽墨榕城变迁记 …… 133
见证蔡廷锴在闽岁月 …… 135
纪念郑公盾 …… 137
福鼎白茶前辈李得光 …… 139
江西钢琴家王家琼的芳华 …… 141
弥足珍贵的校史档案 …… 142
高校师生的"第二课堂" …… 145
档案帮助清华博士研究课题 …… 147
为闽江师专115周年华诞锦上添花 …… 149
"文明三明"从何来 …… 151
再现永春小水电辉煌 …… 154
照片讲述氤氲乡情 …… 157
抢救《闽东日报》 …… 159
认定"福建老字号" …… 161
档案里的悠悠茶香 …… 163
弥补乡镇志书的缺漏 …… 165

耳听图说福州故事……167

再现连江家训文化……168

档案护航 《杨时》央视上映……169

档案悦动舞台 绽放别样精彩……170

档案助力互联网经济报道……172

美丽的石头厝……173

戴氏家风馆……175

还原"文史活档案"……177

重现40年改革华章……179

福建巾帼之魂……181

闽北记忆的见证……183

不可遗忘的福州救火会……185

档案馆里有宝藏……187

"今之子产"……189

服务民生

真情服务赢得广泛赞誉……194

一趟不用跑 档案寄到家……196

档案利用走上"快车道"……198

"光荣在党50年"……200

退役军人的喜悦……202

暮年寻英魂……204

档案还原抗日阵亡将士身份……206

缘起贴吧,情系四方……208

档案再续战友情……210

一份老报纸慰藉思乡情……212

一纸工资表获补养老金……214

破产企业档案维护下岗职工权益 …………………… 216

"我领到村主干补助金了" ……………………………… 220

"隔屏"查档 …………………………………………… 223

找回遗失的干部身份 …………………………………… 225

"量身定制" …………………………………………… 227

档案助力退伍军人免缴社保 …………………………… 229

服刑人员的新生 ………………………………………… 230

五十年前的同学录 ……………………………………… 232

大专班学员的退休手续 ………………………………… 234

落实老农技员补助 ……………………………………… 236

招工表解决存款支取难题 ……………………………… 237

档案为凭　补办房产证 ………………………………… 239

红军烈士后人的回乡之旅 ……………………………… 240

一纸存根补齐工龄 ……………………………………… 242

"寻根溯源" …………………………………………… 244

祖屋翻新不再愁 ………………………………………… 246

喜出望外 ………………………………………………… 247

代课教师的离岗待遇 …………………………………… 249

姚警官的结婚证 ………………………………………… 251

档案助领失地补偿金 …………………………………… 252

失而复得的工龄 ………………………………………… 253

民心举过头　服务送上门 ……………………………… 255

重回故乡落户 …………………………………………… 257

档案巧牵线，重叙同窗情 ……………………………… 259

一纸牵两岸 ……………………………………………… 262

后　　记 ………………………………………………… 265

资政建设

擦亮侨批品牌
讲好中国故事

2020年10月13日,习近平总书记在广东汕头参观侨批文物馆时强调,"侨批"记载了老一辈海外侨胞艰难的创业史和浓厚的家国情怀,也是中华民族讲信誉、守承诺的重要体现。要保护好这些"侨批"文物,加强研究,教育引导人们不忘近代我国经历的屈辱史和老一辈侨胞艰难的创业史,并推动全社会加强诚信建设。

侨批不仅是过去很长一段时间海外侨胞与国内眷属维系情感和经济联系的纽带,也是如今增进中外文化交流、促进民心相通的有效载体。侨批档案作为华侨文化的重要载体之一,是"海丝"的重要历史见证,凝聚着华侨华人和侨眷的集体记忆,是中国人、中国文化、中国精神、中国心的具体体现,在华侨华人的心目中占据着独特的、不可替代的地位,为讲好中国故事提供新的蓝本。

在国家档案局和福建省委、省政府的关心指导下,福建省档案馆紧紧立足侨批档案的世界记忆遗产价值,主动融入"海丝"建设和侨务工作,积极打造侨批文化品牌,向海内外讲好侨批故事、中国故事,发挥侨批在见证"海丝"历史、促进人文交流、传承文明中的作用,促进侨批档案文献保护开发,提升社会对侨批档案和世界记忆项目的认识。侨批档案已成为福建华侨文化和福建档案工作的一张"靓丽名片"。

■ 2016年9月，来自泰国、越南、菲律宾、新加坡、马来西亚、美国等25个国家和地区闽籍海外侨胞走进福建省档案馆，参观"百年跨国两地书——福建侨批"展览

2016年以来，福建省档案馆深入挖掘馆藏侨批档案资源，加强与侨务、外事部门合作，打造"百年跨国两地书——福建侨批"主题展览，向社会免费开放，并以此为基础，打造流动展厅，赴美国、日本、新西兰、印尼、菲律宾等国家和地区以及省内福州、泉州、漳州等地侨乡、华侨农场、学校进行巡回展示，受到我国驻外使领馆领导、海外友好人士肯定和广大华侨华人、归侨侨眷欢迎。

中国驻菲律宾大使馆参赞罗刚指出，侨批是中国特有的文化遗产，通过展览可以充分了解菲律宾华侨华人的历史记忆，回顾和重温华侨华人在海外的生存、拼搏、奋斗、发展与壮大的历程，重新认识华侨华人的过往发展历史，激发我们的爱国热情。新西兰国会议员黛博拉·拉塞尔（Deborah Russell）肯定了新西兰华人对新西兰所做出的重要贡献，感谢福建省档案馆把侨批展览带到新西兰，让大家有更多的机会看到侨批,让他们更了解中国文化及其与世界的沟通。菲律宾红溪礼示大学校长乔瑟夫·安吉利斯（Joseph Emmanuel L.Angeles）肯定了举办侨批展览的意义，赞赏海外华侨华人的爱国精神，指出华侨虽然身在国外，但从未忘记自己的家乡和祖国，希望在海外的菲律宾侨民也能向华侨学习，为菲律宾国家建设和中菲友谊长久发展贡献自己的力量。菲律宾国家档案馆行政首长马那洛强调，族群记忆是保存、收藏和开发国家记忆的重要基础，举办侨批展览的时机恰到好处，侨批档案是菲律宾国家记忆极其重要的补充。菲华商联总会理事长黄年荣感言，侨批重新唤起了菲律宾华侨华人的历史记忆，见证了20世纪中国与华侨华人所经历的辛酸，通过侨批展览，给予世人，尤其是新一代华侨华人了解移民历史，更深刻地了解海外华侨华人的情感、奋斗与牺牲，了解当地文化发展的历史。

广大华侨华人和侨眷自豪地表示侨批档案是"我家的世界遗产"。2016年和2017年，福建侨批档案连续两年被列为中国与东盟国家档案文化交流项目内容之一。2017年中国侨联授予福建省档案馆"中国华侨国际文化交流基地"。2020年福建省档案馆入选中国侨联"中华亲情·云上基地"推介单位，福建省档案馆侨批展馆成为海外侨胞故乡行的参观点。

与此同时，福建省档案馆加大馆藏侨批档案文献的挖掘整理和研究开发，完成多项国家、省科研课题，编辑出版侨批著作，编写《档案参考专报》，拍摄制作侨批动漫片、纪录片和宣传片，制作侨批网上展厅等形式多样、生动活泼的文化产品，开展侨批文献遗产的宣传推广，进一步提升了社会公众的文献遗产保护意识。例如，福建省档案馆在《中国档案报》《福建日报》《福建侨报》开设专栏，系列推送侨批档案中蕴涵的爱国、爱乡、孝悌、诚信等主题的故事内容；福建省档案馆编撰出版的《福建侨批档案文献汇编（第一辑）》（全二十五册）绝大部分档

■ 2017年11月,福建省档案馆赴新西兰奥克兰、惠灵顿举办侨批文化宣传推广活动

■ 2018年12月,福建省档案馆赴菲律宾马尼拉、安吉利斯举办侨批文化宣传推广活动

■ 2018年11月，世界记忆项目福建学术中心揭牌仪式在福建省档案馆举行

案文献为首次公开面世，为研究清末以来国内外侨批业的发展脉络、批局运营发展历程、政府对侨批国内外业务的监督管理等，提供了原始档案凭证，具有较高的学术研究和史料价值，有助于进一步深入挖掘和阐释侨批档案的历史价值和世界意义；2021年，福建省档案馆馆藏侨批档案参加联合国教科文组织驻曼谷办事处举办的"历史中的女性"（Women in History）线上展览，并在同时期举办的亚太地区"Together for Peace（T4P）"网络研讨会上进行宣传；由国家档案局、福建省档案馆、福建省广播影视集团联合摄制出品，反映世界记忆遗产"侨批档案"的纪录片《百年跨国两地书》在福建电视台新闻频道、公共频道、海峡卫视、海博TV播出，引发广泛好评。

福建侨批档案工作成效以及侨批档案在推动文明交流互鉴的独特作用引起了国家档案局和联合国教科文组织相关机构的关注。2018年11月，国家档案局、联合国教科文组织世界记忆项目教育和研究分委员会在福建省档案馆设立世界记忆项目福建学术中心，并签署三方《备忘录》。《备忘录》中特别赋予了世界记忆项目福建学术中心在加强侨批档案文献遗产价值研究，开发不同形式的文献产品，为世界记忆的分享和社会

■ 2019年10月，福建省档案馆在澳门举办侨批文化宣传推广活动

的广泛利用提供范例的职责。依托世界记忆项目福建学术中心，福建省档案馆承办"丝绸之路文献遗产保护和利用国际研讨会"；与澳门学术中心在澳门城市大学举办"闽澳世界记忆与海上丝绸之路"展览暨学术研讨会，省政协主席崔玉英参观展览，肯定侨批档案文献在推动闽澳两地文化交流、展示海上丝绸之路历史起到重要作用；与新加坡国家文物局在福州签署《谅解备忘录》，双方以侨批档案为载体，开展档案文献遗产交流合作，副省长郭宁宁和新加坡文化、社区及青年部部长傅海燕出席见证；省档案局、省档案馆在泉州设立首个侨批展示基地——泉州侨批馆，世界记忆项目福建学术中心在晋江侨批馆设立"世界记忆项目福建学术中心实践基地"，作为全省侨批文化宣传推广示范点，进一步推动侨批文化与侨乡文化融合，成为市民"打卡"新地标。

此外，福建侨批档案工作也获得了各级各部门更多关注和支持。2020年，中央档案馆馆长、国家档案局局长陆国强到福建省专题调研侨批档案工作时强调，要进一步擦亮做大侨批文化品牌，形成影响力和品牌效应，在更高程度上打响侨批文化品牌；福建省档案局向省领导呈报关于进一步加强侨批档案工作的建议和题为"侨批档案：世界记忆遗产的瑰宝"的《档案参考专报》，时任省委常委、秘书长郑新聪作出批示："稳稳做、实实干"。2021年，省委常委、秘书长吴偕林在福建省档案局有关报件上批示："总结经验，加强落实，更好推进我省侨批档案的保护与利用。"《福建省侨批档案保护与利用办法》颁布实施；侨批档案和世界记忆项目福建学术中心工作写入《全国"十四五"档案事业发展规划》《福建省国民经济和社会发展第十四个五年规划和二〇三五年远景目标纲要》《福建省"十四五"档案事业发展规划》中，这为侨批档案工作可持续和高质量发展注入了内生动力、提供了有利契机和营造了良好环境。

千里之行，始于足下，实干才能兴业。福建省档案馆将继续深入学习贯彻落实习近平总书记的重要讲话精神，根据陆国强馆局长的指示要求，把侨批档案这篇"大文章"做深做实，在更高起点、更高层次、更高目标上擦亮侨批文化品牌，继续为服务"海丝"建设、赓续华侨精神、弘扬中华文化、促进中外文化交流贡献档案力量。

（福建省档案馆　郑宗伟供稿）

发挥红色资源优势
服务党史学习教育

2021年7月6日，习近平总书记对档案工作作出重要批示，强调要把蕴含党的初心使命的红色档案保管好、利用好，把新时代党领导人民推进实现中华民族伟大复兴的奋斗历史记录好、留存好，更好地服务党和国家工作大局、服务人民群众！

■ "百年恰是风华正茂"主题档案文献展

福建是著名的革命老区，党史事件多、红色资源多、革命先辈多。福建省档案馆馆藏档案百万余卷、件、册，其中红色档案1万多件，是福建省重要的红色基因资源库。

为深入贯彻落实习近平总书记重要批示精神，省档案馆紧紧抓住中国共产党成立100周年这个重大机遇，充分发挥档案部门独特优势，深入挖掘馆藏红色资源，全力服务全省党史学习教育。

■ 省委政法委机关党员干部参观展览

■ 2021年6月9日,省档案馆以"档案话百年"为主题,举办"6·9"国际档案日系列宣传活动开幕式。图为《记录·见证——档案中的福建党史》新书推介

2021年3月,中共福建省委党史学习教育领导小组办公室公布首批100个党史学习教育参观学习点,省档案馆位列其中。作为省直四个参观学习点之一,省档案馆利用馆藏红色档案文献迅速改版升级"'不忘初心、牢记使命'档案文献展""潮涌八闽——福建现代化进程展"和"毛泽东手迹展"展陈内容,积极对接国家档案局认真筹办"百年恰是风华正茂"主题档案文献展。

2021年7月30日,"百年恰是风华正茂"主题档案文献展开展仪式在省档案馆举行。省委、省政府多位领导带队参观,省直机关工委专门印发通知,部署各单位组织党员干部参观。截至12月31日,展览累计接待814个团队、4.3万多人次参观,成为服务福建省党史学习教育独特品牌和重要"打卡点"。

在举办党史展览的同时,省档案馆依托红色馆藏精心编写《记录·见证——档案中的福建党史》一书。该书通过100多份红色档案,讲述100个福建党史故事,展现百年来中国共产党在福建走过的光辉历程和取得的辉煌成就。这100个故事就如同一粒粒珍珠,光华璀璨,通过它们串起过去、现在与未来;这100个故事也是一座座丰碑,在寻根溯源中以史培根铸魂、坚定理

2021年4月29日,省档案局、省档案馆、团省委举行共同面向青少年开展党史学习教育合作协议签订暨福建青年讲师团百场示范宣讲启动仪式

想信念、筑牢初心使命。2021年6月9日,《福建新闻联播》栏目对该书进行宣传,省档案馆在"6·9"国际档案日进行推介,并通过"福建档案"微信公众号进行转载,受到广泛关注和好评,成为党史学习教育有力教材。

此外,省档案馆充分利用馆藏红色档案资源,深入开展"我为群众办实事"活动。比如,提供红色查档利用,落实"三不"(不讲困难、不论条件、不能婉拒)要求做好群众观展接待,组织红色档案进校园、社区等社会公益活动,鼓励档案专家、档案干部到省直机关和高校讲述档案中的党史故事,取得良好的社会效益。2021年4月29日,省档案馆与省档案局、团省委签订共同面向青少年开展党史学习教育合作协议并启动福建青年讲师团百场示范宣讲,开展"从红色福建读懂中国共产党"等系列活动,取得较好党史学习教育成效。2021年6月9日,省档案馆联合福州、泉州、宁德等地档案局、馆在福建电视台乡村振兴公共频道及海博TV、直播福建等平台开展"档案里的红色记忆"特别节目,网友互动参与达356万人次,有力服务党史学习教育。

(福建省档案馆　李广良供稿)

以档为鉴　资政参考

为了充分发挥档案工作以史为鉴，存档资政，服务发展的作用，2018年初，福建省档案馆创办内部刊物《档案参考专报》。此刊旨在结合福建省当前的中心任务和工作重点，提取馆藏80余万卷档案之精华，或为领导的决策提供佐证，或为各部门的施政提供借鉴，或为福建地区政治、经济、文化和社会的发展提供有价值的信息。

编写《档案参考专报》，必须先立足馆藏档案资源，紧扣时代发展脉搏，抓住当前社会热点、时政重点，及时挖掘整理出相关的档案资料，为领导决策提供参考。截至2021年12月，省档案馆围绕闽台文化、侨批非遗、党史方志等方面内容共编发24期。

闽台历史档案是省档案馆重点馆藏，也是最主要的馆藏特色之一。馆藏涉台档案数十万件，从清光绪三十一年福建全省地舆图到近年两岸"三通"前后相关文书，涉及闽台政治、经济、军事、文化、社会各个方面，其中尤以闽台抗战档案、台湾光复档案、台湾义勇队档案等最为系统全面。因此，围绕闽台历史档案以及相关工作，省档案馆相继编写了《台湾光复，福建的作用不可替代》《回家之念　复籍之殇》《台湾光复后的教育重建》《台湾海峡隧道论证学术研讨会始末》《省档案馆馆藏闽台关系档案资源及研究开发情况》《发挥我省涉台档案文献作用

■ 福建省档案馆馆藏《福建全省地舆图》

服务海峡两岸融合发展》《1934年考察台湾实业工作概况》等多篇档案参考。特别是在习近平总书记在2019年1月2日出席《告台湾同胞书》发表40周年纪念会并发表重要讲话时提出两岸应通尽通的主张之后，省档案馆迅速从馆藏整理出相关档案资料，编发《台湾海峡隧道论证学术研讨会始末》，获得省领导的好评。

近年来随着侨批纳入世界记忆名录以及非物质文化遗产保护工作的推广，社会各界对于侨批和非遗的关注度越来越高。省档案馆馆藏侨批具有构成系统性和内容丰富性等两大特色，较为系统地反映了清末至中华人民共和国成立后侨乡和侨居地的发展进程，见证了中华文明与世界其他地区文明之间持续不断的交流融合和经贸往来的发展历程，具有突出的世界意义、鲜明的时代特征和重要的历史文化价值。2021年7月，世界遗产大会在福州召开，同年10月，福建省人民政府颁布《福建省侨批档案保护与利用办法》，省档案馆结合世遗大会的召开和《办法》的出台，先后编发《档案馆涉及自然、文化遗产档案目录》《侨批档案：世界记忆遗产的瑰宝》，引起省领导的高度关注。

福建是"中央苏区"所在地、"古田会议"召开地、"长征出发地"，党史事件多、红色资源多，因其特殊的区位优势和历史特点，在中国共产党成立以来的百年间扮演了十分重要的角色。建党百年来，历史中的许多重大事件、重要人物事迹都被留存在档案里，成为丰富的红色文化资源和真实的历史见证。省档案馆馆藏有数量众多的红色档案文献，是福建省重要的红色基因资源库。为庆祝中国共产党建党百年，围绕中共党史陆续编发了《调查研究的典范：〈才溪乡调查〉》《没有调查，没有发言权》《重温经典著作 把握真理力量》《中央苏区的党风廉政建设经验》《解决形式主义、官僚主义中的突出问题》《古田会议精神永放光芒》等多篇档案参考，并从馆藏百万余卷的档案资料中精选出多份珍贵红色档案，讲述发生在福建的党史经典故事。

福建省各级档案馆所藏档案资源具有独特的八闽地方特色，其中有很多档案资料所反映和印证的地方历史事件、人物，如鹰厦铁路、三明工业基地、闽宁合作等，又如陈仪、陈嘉庚等人，都在中国近现当代史上产生过重要影响。比如2018年5月31日，中共中央政治局会议审议通过《乡村振兴战略规划（2018－2022年）》，省档案馆以此编发了一期《档案参考专报》——《民国时期福建的乡村建设运动》；2020年初，新冠疫情爆发不久，省档案馆迅速编发《2003年我省抗击非典档案汇编目录》；2021年，在"闽宁协作"二十五周年省档案馆推出《闽宁协作模式　东西扶贫典范》等等。这

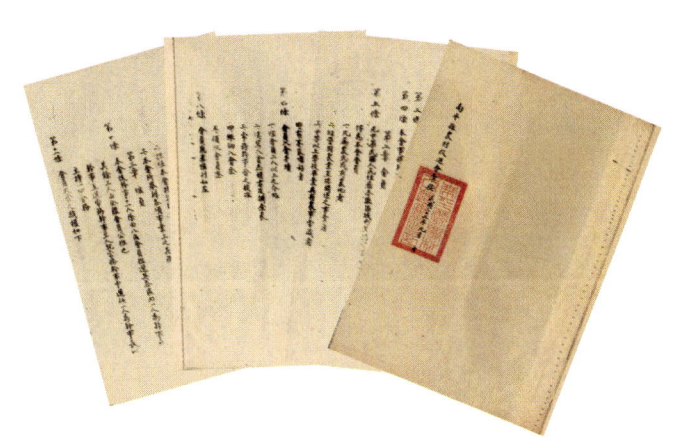

■ 福建省档案馆馆藏《南平县农村改进会章程》

些都是在充分挖掘馆藏资源的基础之上，结合地方史志，充分发挥档案兼具原始性和记录性的优势，为资政提供参考。

《档案参考专报》自创办以来，先后获得多位省领导的批示。福建省副省长李德金认为档案参考在乡村振兴、乡村建设等诸多方面很有借鉴参考价值；原中共福建省委常委、秘书长梁建勇对此项工作寄予厚望，提出要继续推出有质量、有特色的档案信息产品，发挥资政参考作用。

其中围绕涉台专题档案编写的档案参考多次获得中央和省领导的肯定和批示。原中共福建省委常委周联清给予高度肯定,认为省档案馆在充分挖掘和利用馆藏闽台渊源资料,对于促进同胞心灵契合和闽台融合发展,很有意义;中央台办、国务院台办副主任龙明彪在福建省档案馆撰写编发的《发挥我省涉台档案文献作用 服务海峡两岸融合发展》上批示,肯定福建省档案部门在涉台档案文献挖掘、整理、研究和利用方面所取得的积极成效。

(福建省档案馆　吴永宁供稿)

最是风雨显初心
档案助力战疫情

新型冠状病毒感染肺炎疫情发生后，省档案馆党组高度重视、迅速反应，按照中央、省委应对新型冠状病毒感染肺炎疫情工作指示精神和省一级应急响应有关要求，第一时间部署各项防控工作。2020年1月27日，省档案馆发布闭馆公告，暂停档案、政府公开信息在馆查阅对外服务。省档案馆保管利用处的同志们深知档案查阅利用服务不能停止，越是疫情吃紧，越要坚守岗位，发挥档案作用，精准提供服务，确保工作不断。

"资政"是档案工作的重要作用之一。新型冠状病毒感染肺炎疫情虽然是突发公共卫生事件，但历史中类似事件不是无迹可寻。要是能找到相关档案，说不定能为当下防控工作提供有效参考。带着这种想法，保管利用处主动靠前，组织干部认真查找相关馆藏档案。功夫不负有心人。他们通过分析相关事件时间轴，从馆藏档案中查找出2003年福建省抗击非典疫情档案600多份，并精心挑选具有参考意义的13件档案，内容包括福建省普通高考、高中会考、初中毕业升学考试期间非典型肺炎防控工作，高等学校返校非典防治工作；各市县（区）做好各类会议、活动非典防治工作；省旅游局关于逐步恢复三大旅游市场后非典防治工作预案；省民宗厅有条件恢复正常的集体宗教活动的通知；福州市

■ 福建省档案馆馆藏防治非典相关档案

"6·18"交易会、"5·18"海交会、"7·25"文化用品商品交易会防治非典工作方案等。在研读分析档案基础上，编写《档案参考专报》报送省领导参考。

机构改革后，省档案局与省档案馆分设，分别履行行政管理和保管利用两种职责，共同承担"为党管档、为国守史、为民服务"责任使命。疫情发生以来，省档案局、省档案馆干部十分关注防控材料收集归档工作。他们知道，省委、省政府迅速全面部署全省疫情防控工作，在此过程中形成大量文件材料，是各级各部门协同应对突发事件的真实记录，是全省人民抗击疫情的真实写照，也体现了疫情防控的规律和特点，收集归档好这些文件材料，对于今后工作查考、经验借鉴、历史研究具有十分重要的意义。因此，局、馆始终保持着积极密切的沟通和衔接。保管利用处的干部也是如此，他们从馆藏档案中查找到《全国防治非典型肺炎指挥部办公室、国家档案局关于做好防治非典型肺炎工作文件材料收集归档工作的通知》以及《第五届全国特奥运动会档案管理办法》《中华人民共和国第一届青年运动会档案管理办法》等重大活动档案，供省档案局制定《新型冠状病毒感染肺炎疫情防控工作文件材料收集归档范围》时参考之用，指导各级各部门规范收集归档防控工作文件材料，为今后工作查考、经验借鉴、历史研究等留存凭证史料。

为满足疫情防控期间社会公众查档需求，省档案馆在发布闭馆公告的同时,公布了网络查档、电话查档等查档方式,引导公众通过网站和微信公众号平台,或查档热线提交查档需求,由工作人员代为查阅。为落实远程查档要求,保管利用处周密部署,精心组织,每日安排专职人员负责网络在线、电话咨询和委托查档服务,得到各界广泛赞誉。

■ 坚守岗位的接待人员

家在海南三亚的秦先生就在这特殊时期,体验了异地查档的便利。秦先生的祖父秦老先生在20世纪50年代就去世了,家中连一张他的照片也没有,年迈的父亲极为期盼有生之年能一睹父亲容颜。在父亲记忆中,祖父曾在福建军警部门任职,秦先生

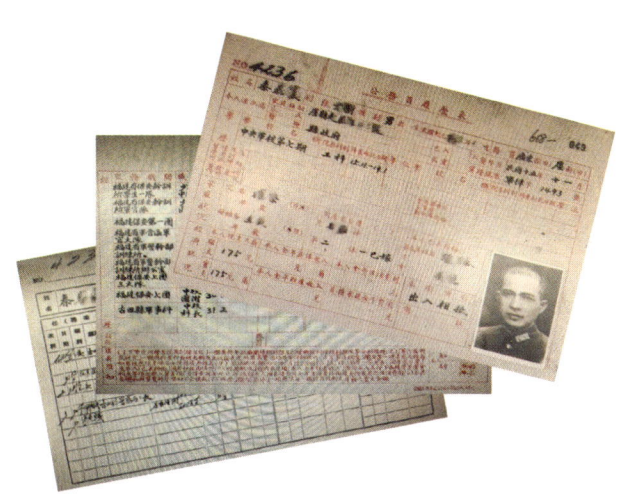
■ 秦老先生的档案

抱着试试看的心理,登陆福建档案信息网提交申请。省档案馆工作人员根据他提供的线索在馆藏档案中仔细查找、详细比对,终于从浩浩档案中找到了秦老先生民国时期在福建任职的公务员履历表。工作人员马上通过邮箱将这些信息发给秦先生。很快秦先生打来电话,确认是爷爷的档案,希望工作人员用彩色高清打印快递给他。在这样防控情势下,

秦先生是否收到档案复印件？为此，查档人员再次联系远在三亚的秦先生。一听是福建省档案馆工作人员打来的电话，秦先生连声说，"收到了！收到了！真是我爷爷的档案，有爷爷照片，还有太爷爷、奶奶、姑姑的名字！爸爸看到爷爷的档案都哭了。太感谢你们了！"

最是风雨显初心，档案助力战疫情！在波澜不惊的档案馆中，有这样一群人，他们虽然没有奔波在一线直面疫情，但一刻也没有忘记自己的职责与初心，在平凡的岗位上用所有的能力，以自己的方式共同抗击疫情，静待春暖花开！

（福建省档案馆　陈惠芳供稿）

打造教育基地
服务党史学习

2021年4月8日,国网仙游供电公司"爱国爱企·担当作为"教育基地被列为莆田市党史学习教育参观学习点,成为全市唯一一家企业教育基地,吸引了一批批党员、干部、学生前往参观,在党史学习教育中汲取精神力量。

■ 国网仙游供电公司"爱国爱企 担当作为"教育基地外景

这座位于木兰溪畔的教育基地系 1958 年建成的仙游火力发电厂的旧厂房,是仙游火力发电的摇篮、电力工业的发源地。建筑主体为传统莆仙特色青石结构,是古朴、沧桑又兼具历史、技术、社会、建筑、科学价值的工业文化遗存。

为推动工业遗产保护和利用,传承电力工业文化,2019 年以新中国成立 70 周年、建厂 90 周年为契机,这座老厂房被国网仙游供电公司精心改造成为爱国主义教育基地和科普教育基地,按照"修旧如旧"的原则,将厂房进行建筑性加固和保护性修缮,并充分挖掘仙游电力工业发展史档案资源,收集近百年 160 余件电力相关档案,以"爱国爱企 担当作为"为主题,分机构沿革、起步追求、创业奠基、改革提速、开拓奋进、党建引领、企业文化七大主题板块三个展厅,全面展示了 1929 年以来仙游电力工业筚路蓝缕、薪火传承、与祖国共成长的发展历程。

该教育基地把中国共产党百年光辉历程、习近平总书记在福建工作时的重要指示批示精神、国家电网公司企业文化落地实践与仙游电力工业近百年发展历程有机统一起来,结合实物、图片和现代科技等形式以博物馆的方式全面展出。

基地"镇馆之宝"是已纳入福建省电力博物馆馆藏的 3 台年代久远的退役火力发电机组。展品中还包括 1960 年的变压器、1977 年的工作服、20 世纪 80 年代的安全帽、雨衣和水壶,以及见证不同年代城市变迁的文件材料和照片图纸。还应用现代科技和多媒体技术,将工程档案与现代科技融合,制作仙游地区电力沙盘,直观展示仙游地域电网结构、布点情况,让参观者更好地走进电力企业、了解电力事业。

2020 年教育基地开馆以来,吸引了众多企事业单位、党员干部和市民群众前来参观学习,召开主题党日活动等。作为福建省首家县级电力博物馆,先后被授予仙游县首批主题党日活动基地、仙游县爱国主义

■ 教育基地中 1933 年生产的 210 匹柴油机配 140 千瓦发电机

■ 爱国主义教育基地主题党日活动现场照片

教育基地、仙游县社会科学普及基地、中共仙游县委党校现场教学点、仙游县爱国主义教育基地等称号。公司以列入党史教育学习点为契机，不断完善展陈内容和载体。如今，作为党史学习教育的重要阵地之一，仙游这个电力工业博物馆为大家从电力工业发展中了解党史、新中国史、改革开放史、社会主义发展史提供了翔实的历史资料。广大党员、干部、群众通过参观学习，实地感受百年来电力人在党的领导下砥砺奋进、奋力前行的发展历程，激发起爱党爱国的热情，为新时代奋勇争先。

（国网仙游供电公司　唐泉彬、陈红梅供稿）

助力湄洲"零碳"岛建设

湄洲岛是闻名海内外的"妈祖故里"、妈祖文化的发源地，每年吸引数百万游客和信客到此观光。2017年11月，习近平总书记在接见新一届全国文明城市代表时，做出"保护好湄洲岛"重要指示。

■ 湄洲岛配网项目工程档案

2018年起，国网莆田供电公司牢记嘱托，践行绿色发展理念，正式启动湄洲岛综合能源服务试点，致力将湄洲岛打造成全国首个"综合能源示范岛"。国网莆田供电公司主动对接莆田市、湄洲岛发展规划和前沿政策热点，全面整理湄洲岛1987年通电以来的档案，梳理提供685份经济、科技类档案，214份声像档案，327份图片档案，内容涵盖电网规划、线路设计、电量分布、电能结构、配网节点等方面，为地方决策提供重要参考依据，共同推动湄洲岛纯电动汽车"共享出行"政策落地实施、规划全岛光伏储能发展和光伏扶贫项目、出台电能替代相关政策,并促成"推广使用电力清洁能源"写入地方立法。同时,公司从用户用电增长率和区域用电量等档案数据入手,结合配网项目工程规划图纸档案,对全岛客户进行分类,根据海岛客户实际,针对性推广纯电厨房、纯电民宿、光伏建设方案。截至2020年底,湄洲岛全岛清洁电能在终端能源消费占比近90%,初步建成以清洁电为中心、风光储充多能互补、助力全岛智能绿色能源供应格局,综合能源示范岛建设初见成效。

■ 2021年7月27日,湄洲岛"双碳"规划在京通过评审

2020年9月,中国宣布力争在2030年前实现二氧化碳排放量达到峰值,在2060年前实现碳中和的"双碳"目标;并于2021年3月建设新型电力系统的实现路径。国网莆田供电公司在湄洲岛综合能源服务试点的基础上,开展新型电力系统建设探索,全力建设全国首个"零碳"

示范岛。

2021年6月，莆田市将湄洲岛创建全国首个实现"双碳岛"列入市2021年度50项争创亮点品牌工作。7月下旬，国网莆田供电公司协同莆田市政府利用前期

■ 2019年8月，国网湄洲岛供电公司工作人员检查光伏设备安装情况

综合能源试点建设档案资源，分析全岛用能情况，编制湄洲岛"碳达峰、碳中和"规划方案，在北京通过6位院士专家评审，成为全国首个通过评审的5A级旅游景区"双碳"规划。同时，以湄洲岛"零碳"示范岛建设项目，围绕"双碳"目标打造联合国可持续发展目标（SDGs）在海岛落地的样板，作为福建省唯一案例向"全球契约中国网络"提交报告，获"SDGs金钥匙行动"大赛低碳行动组"最受欢迎奖"及"优胜奖"。

当前，国网莆田供电公司已完成湄洲新型电力系统示范岛建设方案制定，并成立工作领导小组，抽调各专业骨干组建工作专班，全力推进项目建设落地。相信在不久的将来，绿色生态、节能环保的湄洲"零碳"岛将呈现在全国人民面前。

（国家电网莆田供电公司档案室　唐泉彬、朱玉森供稿）

影像档案
服务房屋结构安全平台建设

为消除房屋安全隐患，加强房屋安全管理，福州市政府于2020年启动了全市域房屋安全隐患排查整治专项行动，对危房、未按规定审批的房屋、擅自加层或改扩建的房屋、"三合一"自建房、群租自建房、擅自改变功能作为居住使用的厂房、软弱地基上的自建房等七类隐患房屋进行重点排查与整治。随着排查整治工作的逐渐深入，发现对于一些外观粉饰较好的加层和改扩建房屋，很难通过现场核查取证，甚至有可能被视为合法房屋，为房屋安全管理埋下隐患。为了彻底解决房屋安全隐患，夯实全市房屋安全管理，福州市政府委托市勘测院开展福州市房屋结构安全信息化管理平台建设，依托遥感影像资料对各类"擅自加层或改扩建的房屋"进行前期摸底，辅助外业现场排查、取证与整治，保证隐患房屋整治工作、常态化管理"有据可依"。

福州市勘测院在平台建设中发现自身对影像资料的储备不足，特别是1990年以前历史影像和最新卫星影像较为缺乏。福建省基础地理信息中心资料档案馆馆藏有1978年以来的航空遥感及卫星遥感影像档案，恰能满足该项工作的需求。

为做好该项工作，省基础地理信息中心积极配合福州市勘测院对福州市历年影像档案进行梳理，针对重点区域查询并无偿提供1∶10000比例尺数字影像图档案525件、卫星遥感影像档案242件、航空遥感影像档案10396件用于平台建设。通过平台运行能够实现福州市全域房屋形态生命周期监测,为政府决策提供依据。通过利用影像档案,直接节约影像资料成本500余万元,此外利用影像档案对"隐患房屋"实施针对性监测,提高了外业排查效率,节省了外业排查工作成本,也增加了档案利用附加值。影像档案为福州市房屋结构安全大排查大整治百日攻坚行动和常态化管理提供了参考依据和支撑,极大地提高了工作效率,实现了房屋安全隐患信息的可追溯,对保障人民群众的生命财产安全具有重要的意义。

■ 房屋结构安全信息化管理平台示意图

(福建省基础地理信息中心资料档案馆　黄晓冬供稿)

服务党内清规
助推法治建设

　　为认真贯彻落实习近平法治思想,建立健全行政规范性文件动态清理工作机制,及时清理与现行法律法规以及相关政策不相符的行政规范性文件,2020年4月,晋安区委办与晋安区档案馆联系,要求整理一份新中国成立以来区委印发的党内法规和规范性文件的详细清单,以便区委办按照清理重点、标准和时限进行全面梳理,逐件审核,提出保留、废止、修改和继续有效的清理意见,明确失效、废止的党内法规和规范性文件不再作为规范区党组织工作、活动和党内行为的依据,避免各单位行政、决策错误、前后矛盾,提高规范性文件管理,推进法治建设。

　　此次规范性文件清理工作时间跨度70年,涉及文件级目录20多万条,时间紧、任务重。接到区委这项重要任务,区档案馆立即组织骨干力量分头行动,一组负责电子目录检索,通过输入总结、计划、统计表等与规范文件不相符的词条,把区委全宗目录从13.2万条缩减到1.11万条;另一组负责人工查阅,将1.11万条目录逐条鉴定,剔除清理范围外的文件后,剩下3916条目录供区委办经办人员精准查阅,最终区委办依此清理废止了294件规范性文件。

　　此次规范性文件清理,进一步明确了晋安区委依法行政的依据,增强了制度措施的针对性、协调性、有效性,为区委能更快制定内容科学、配套完备的规范性文件提供档案支撑,有力推动了区委法治化建设进程。

■ 晋安区档案馆工作人员在检索区委文件目录

■ 晋安区委办工作人员查阅鉴别规范性文件

(晋安区档案馆　张寿玉供稿)

"村档乡管"助干部人事档案核查

2019年1月以来,建宁县委组织部对县管干部人事档案进行核查工作,发现部分干部人事档案不够完整,于是委派人员前往建宁县档案馆查阅相关证明材料。

根据组织部开列的清单,档案馆工作人员通过电脑检索、手工翻阅纸质全引目录,调卷、查核和复印档案,全力提供干部人事档案资料,但也碰到个别查找难度大的棘手问题。

建宁县濉溪镇副书记林某的人事档案里缺少党员转正材料,无法核实其具体党龄。由于时间久且工作过的单位较多,林某本人对自己入党时间、转正时间及入党介绍人等一概不记得了。查档工作人员只好采用"地毯式"搜索,逐一翻阅他工作过的均口镇、濉溪镇档案,但还是没有找到任何相关材料。查档工作人员再次联系他本人,了解到他是在任隆下村村书记后,通过村转干招考到均口镇工作。根据其提供的村书记任职时间,查档工作人员花费近2天时间,逐页查阅30多卷隆下村档案,最终在1997年、1998年的隆下村档案中查到林某的转预备党员、正式党员等相关信息。建宁县委组织部同志惊叹道:"真没想到二十几年前的档案能找到,更没想到还能在村部档案里找到,'村档乡管'这个模式值得点赞,为你们敬业的服务精神点赞。"

建宁县9个乡（镇）全部实行"村档乡管"模式，各乡（镇）档案室代管全县99个村（社区）级建档单位2008—2020年共7858卷文书档案，因保管条件有限，1950—2007年共10061卷文书档案则由县档案馆代管。自实行"村档乡管"工作模式后，村级档案有了规范管理，既有效保障了村级档案安全，又充分发挥了村级档案作用。通过查阅村级档案，还多次化解山林、土地、合同等矛盾纠纷，为基层治理提供有力支撑。

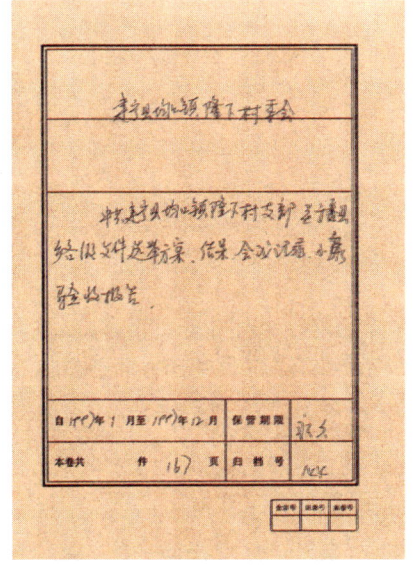
■ 建宁县均口镇隆下村1997年档案记载林某转预备党员时间、入党介绍人等相关信息

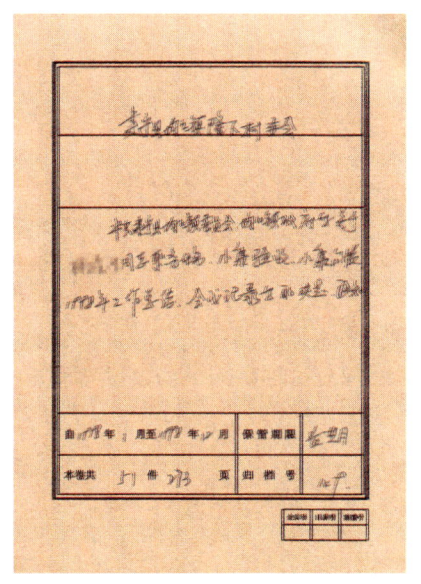
■ 建宁县均口镇隆下村1998年档案记载林某转正式党员相关信息

（建宁县档案馆　黄海英供稿）

档案"制图"
助力行政区划调整

长期以来，三明狭小的主城区由梅列区、三元区共同管理，在基础设施上重复建设，产业发展上同质竞争，影响了资源的优化配置。为了拓展城市空间，破解发展难题，2005年以来，三明市多次组织国家和省级层面的专家，进行行政区划调整方案研究和论证。

2020年4月，三明市正式启动行政区划调整工作，申请撤销梅列区、三元区，设立新的三明市三元区；申请撤销沙县，设立三明市沙县区。

三明市档案馆围绕这一主题，深挖馆藏资源，积极介入，为行政区划调整主动提供服务。

"参考图"提供资政参考

1983年三明"地市合并"，1997年厦门市同安县"撤县设区"，2003年厦门市思明区、开元区、鼓浪屿区"三区合并"等行政区划调整工作留下了宝贵的经验。三明市档案馆在深度梳理馆藏档案的基础上，主动走访厦门市及其辖区内三家档案馆，学习交流，经查阅对比两地市档案馆馆藏档案，总结相关做法和经验，2020年7月以呈阅件的形式报市委主要领导参阅，获肯定。

"动态图"展示区划变迁

三明市档案馆梳理十余份与行政区划调整相关档案资料，根据档案绘制出三明行政区划调整境域示意图，并制作30秒"动态图"，动态展示100年来，为适应不同时期的发展需要，三明行政区划的变迁。通过展示三明从无到有、从"合"而来的过程，引导市民群众正确看待三明行政区划调整。

"对比图"唤醒共同记忆

市档案馆结合市区地标建筑，利用馆公众号平台陆续推出约40组同角度新老对比图，展示了半个多世纪来，三明城市变迁、发展成就以及共同的乡俗民情，唤醒共同记忆，引发市民广泛关注和积极留言，留言突破公众号平台100条精选留言的限制，达到241条。

■ 三明市地标建筑今昔对比图一（下洋河滩）　　■ 三明市地标建筑今昔对比图二（下洋河滩）

（三明市档案馆　陈琳供稿）

为了电力设施的安全

电网的安全可靠运行,关乎社会安全稳定和人民生活质量。为进一步加强电力设施保护工作,2018年,福建省经济和信息化委员会发布《关于进一步做好电力设施保护区划定公告和标示工作的通知》。国网福州供电公司积极响应,在原电力设施保护区划定成果的基础上,将划定对象范围扩大到10kV电缆和架空线路。

电力设施保护区划定、公告和标示工作是一项复杂的系统工作,而申请保护区划定需要提供线路规划审批的相关文件、设计图等档案资料。本次划定工作涉及线路数量多,有的线路建设时间较早且许多职工已退休或调整至其他岗位,给收集档案资料带来一定的难度。

2020年初,每天都有员工带着借阅审批表到公司档案室借阅各电压等级

■ 2020年3月13日,国网福州供电公司档案员对借档人员开展数字档案系统操作培训

电力线路工程相关档案资料。档案人员经过询问，了解到运检部正在开展申请电力设施保护区划定的工作。考虑到该项工作需借阅档案多，而且各专业部门办公地点路途较远，公司档案人员主动提出各部门可通过电子借阅的方式进行档案查阅，并对具体经办的人员开展数字档案系统操作培训。

■ 2020年11月19日，国网福州供电公司在220kV建高II路设置电力设施保护区标示牌

通过数字档案系统查阅档案，极大地提高工作效率。公司档案室为电力设施保护区划定工作提供线路规划选址、迁改批复、设计图纸等档案资料共计2300件，最早档案可追溯到1996年。

截至2021年9月，公司共完成35kV及以上线路保护区依法划定548条、配网10kV配网线路保护区依法划定1739条。通过保护区划定上半年施工外破造成供电中断的事件同比下降22.2%。保护区划定工作有效保障了电网安全，档案在其中起的作用功不可没。

（国家电网福州供电公司档案室　林小雨、许瑢供稿）

数字档案为工程结算提速

厦门电力进岛第四通道架空线缆化工程系厦门市翔安区财政出资项目。工程已于 2014 年 4 月竣工。由于翔安区财政部门对项目的管理模式与国网厦门供电公司管理模式存在较大差异,导致工程竣工后结算审核工作长期停滞,无法推进,经过反复沟通协调,翔安区财政审核所最终答应收件开展结算审核工作。

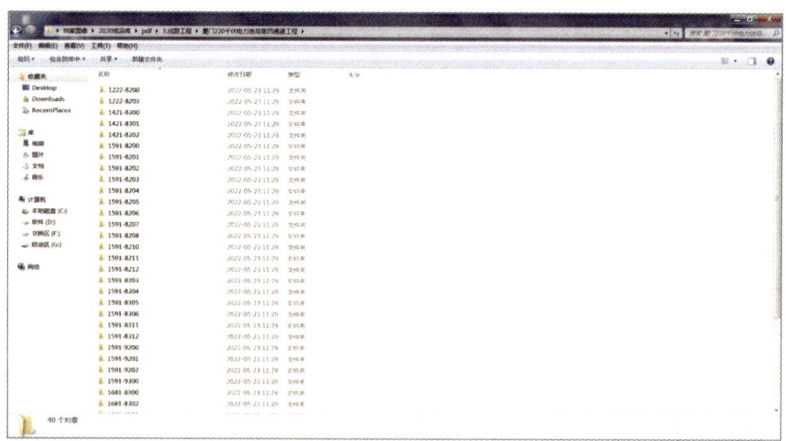

■ 数字化项目档案

收件伊始,翔安区财政审核人员发现电网公司提供的结算资料格式与财政项目大不相同,而翔安区财政审核所又同时担负大量的项目结算,审核人员担心国网厦门公司不能及时提供资料而影响审核进度，提出15天内如无法提供完整佐证材料就核减结算费用甚至结算退件的方案。

结算审核最关键的就是提供资料，不能及时准确地提供佐证资料，往往会导致工程款项大量核减，同时也会影响结算进度。在国网厦门供电公司健全的项目档案管理机制强有力的支撑下，建设部技经管理人员在公司档案管理人员的协助下，梳理了结算所需资料的类别，通过数字档案馆系统，快速查找、下载所需档案材料；通过信息化手段，迅速将电子文件传递至结算各方，在规定时间内及时向区财政审核所提交了清晰、准确、全面的结算档案材料。

2018年4月，翔安区财政审核所在不到两个月的时间里顺利完成了厦门电力进岛第四通道架空线缆化工程总价1524.73万元结算审核工作。

厦门市翔安区财政审核人员在出具审核报告时，说道："原以为这次结算要拖个大半年，没想到你们提供资料的速度这么快，资料那么全，要不然还真没办法这么快搞定。"

翔实的档案资料为结算审核工作提速，也有力保障项目合同的履约。

（国家电网厦门供电公司档案室　祁宁供稿）

档案助攻　电靓山河

福建漳州诏安县西潭乡山河村四面环山,是国家级重点旅游扶贫村,全村 750 户,建档立卡贫困户有 60 户。2016 年人均收入 3600 元。

2017 年以来,国网诏安供电公司作为山河村结对帮扶单位,全面启动"党建+扶贫",大力推进山河村脱贫攻坚工作。

发展扶贫产业,首先要解决用电问题。山河村是省级历史文化名村、国家级传统古村落,有众多的历史文物和古建筑,如何能保证山河村古

■ 山河村鸟瞰

建筑物完好无损，又顺利推进电网建设，助力经济发展，是摆在电力部门面前的难题。

国网诏安供电公司从农网建设与改造项目档案入手，深入分析山河村电力线路状况和用电情况，找到负荷薄弱环节，为电网改造项目可行性研究、勘察设计和施工提供决策依据，并结合现场勘测摸底，制定了配网改造实施计划。

■ 2017年3月2日，诏安县供电公司在山河村古建筑文物实地勘察

至2020年，山河村变电容量比2016年增长了2.33倍，满足新增负荷需求，消除了重过载，提高了供电可靠性，有效保障了山河村富硒农产品种植的电力需求，村边的变压器再也没烧毁过，农家乐、大棚种植等农村经济产业也多起来了。

山河村历史风貌的恢复，离不开电缆入地。国网诏安供电公司充分利用电网工程档案资源，多次与山河村村委沟通探讨，查阅古村落相关档案，巧妙结合古村落地形，对"震山大寨""大夫第""叶太恭人祠"等历史文物建筑进行现场勘察，因地制宜，提出科学施工方案，既保证电力设施不影响文物，为文物"让道"，又能点靓山河村，展现传统古

■ 2017年3月2日，诏安县供电公司在山河村为文物"让道"勘察

■ 山河村农网建设项目档案

村落的历史文化积淀。

国网诏安县供电公司对大夫第景区周边的10kV线路进行重新规划、设计和改造，重新更换改造供电线路30千米。古村落旅游业也得到发展。

电力档案是电力企业综合管理的重要组成部分，诏安公司着力优化电网工程和电力用户档案管理模式，以"变、线、户"网格化为基础，建立"一村一档"电网工程项目档案。

在脱贫攻坚工作推进过程中，国网诏安县供电公司全面规范档案管理工作，将项目立项、审批、采购、勘测、设计、施工、调试、监理、竣工验收及试运行全过程中形成的不同形式和载体的档案材料收集归档。而完整的档案资料又为后续的工作提供参考依据。与此同时，公司还不断加强与县扶贫办、挂钩帮扶的山河村沟通联系，做到资源共享，信息互通，及时更新档案系统信息数据，有力保障脱贫攻坚的全面胜利！

（国家电网漳州供电公司档案室　林境民供稿）

保障"生命之舱"

2021年9月11日,泉港区新冠疫情暴发,国网泉州供电公司泉港供服中心建立疫情防控抢修复电档案应急服务机制,有力保障疫情抢修保电工作有序开展。

9月14日,泉港区政府防疫指挥部为应对疫情管控,紧急部署建设方舱临时隔离点,计划建设方舱1000套,占地8公顷,总用电容量1600kVA。

■ 泉港区方舱隔离点建设图

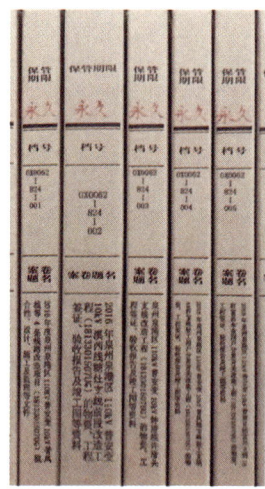

线路改造项目档案

接到配合防疫指挥部现场勘察方舱隔离点选址任务后,国网泉州供电公司泉港供服中心迅速组织档案服务应急小组,收集整理4个候选地址周边线路通道档案及配电站房等相关信息,并提供给现场勘察人员。现场勘察人员根据这些信息,快速判断方舱隔离点候选地址周边最近供电电源及站房位置,为隔离点选址提供专业建议。

方舱隔离点作为疫情防控重要场所,供电可靠性是建设任务的关键。档案应急小组通过查阅数字档案管理系统发现,最近的电源点离方舱隔离点仅100米,可快速形成双电源接入亿领新材料配电站房,提供双电源保障。随后,应急小组调阅亿领新材料配电室工程图纸并分析历史运行情况,发现该配电室存在设备故障,并及时检修,确保方舱隔离点后续可靠供电。同时,小组还发现周边现有管沟及电缆可满足现场施工要求,物资储备档案显示泉港供服中心现有环网柜一台,可随时投

查阅相关工程档案

入使用。根据档案信息,泉港供服中心迅速制定方舱隔离点施工方案。

为确保施工顺利实施,档案应急小组迅速查阅环网柜加工图纸及环网柜基础施工图纸,助力施工人员确定采用槽钢抬升基础方式代替传统的土建基础,使工期从7天缩短到1个小时。调集电源点线路杆塔档案,发现杆塔设备可为方舱隔离点提供一路电源,且无须带电作业,缩短施工时长5小时。

方舱隔离点电源建设中调阅了配电线路、历史运行数据、工程图纸、设备安装图纸、工程档案、物资储备数据等档案信息,为供电方案制定、施工方案优化、物资调配、施工送电等工作提供有力支撑,节省了施工时间,减少使用大量电缆、环网柜土建基础、带电费用,共计减少工程费用22.3万元。

泉港方舱临时隔离点送电工程历时17小时,于9月16日凌晨顺利送电。档案应急服务响应迅速,确保方舱隔离点提前送电,为后续隔离点施工及防疫用电提供保障,为打赢疫情防控战赢得了宝贵时间。

(国家电网泉州供电公司档案室 苏雅林、苏尚流、姜伟供稿)

房屋扩建移线　究竟谁来买单？

2018年4月28日，家住连城文亨镇龙岗村的周先生向95598反映供电线路安装在其房屋上方，位置不合理，具有安全风险，要求将经过其房屋上方的110kV文口线进行迁移。经现场测量，110kV文口线与周先生目前房屋垂直距离为8.5米，满足安全距离要求，不存在安全隐患。国网龙岩供电公司运检部现场调查了解到，实际情况是周先生想对自家平房进行加盖，加盖后房屋与线路的距离小于安全距离，强烈要求公司迁移线路，所需工程费用也由公司负担。

■ 现场照片

周先生认为自家房屋一层建设在先，提出迁移线路属正当诉求；公司运检部认为根据现场测量结果，线路目前并不存在安全隐患，迁移线路属过当诉求。解决问题的关键聚焦在周先生规划建三层的

"个人住宅建设许可证"取得时间与线路建设竣工投产时间谁先谁后上。

周先生出示的佐证材料显示,他取得土地使用权的时间为1996年10月,规划建三层的个人住宅建设许可证取得时间为2003年2月18日。

公司运检部、文亨供电所等相关人员来到档案室,与档案人员密切配合,现场查阅了所有与110kV文口线线路工程相关档案,最后锁定两份线路竣工验收报告。档案记载,这条线路原名旧县—文亨110kV送电线路,属三明电业局产权,1995年5月30日竣工投运,2009年移交连城公司,改名为110kV文口线。

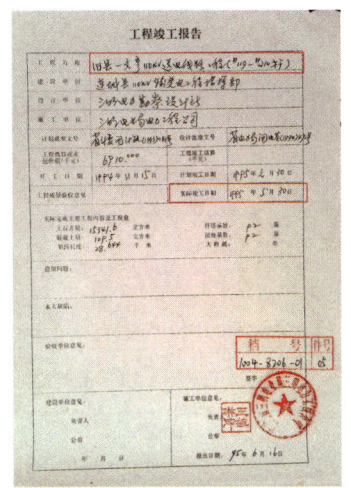
■ 送电线路设备移交清册

工程竣工报告证明线路投产早于周先生取得建设局批准的规划可建三层的时间。根据《中华人民共和国电力供应与使用条例》第十八条规定:"因建设需要,必须对已建成的供电设施进行迁移、改造或者采取防护措施时,建设单位应当事先与该供电设施管理单位协商,所需工程费用由建设单位负担。"周先生如坚持要移线,可携带户主身份证原件及复印件,红线图原件和复印件或建设批文原件及复印件,迁移杆线内容委托书到营业厅办理,但费用需自行出资。通过档案的有力佐证,避免了线路迁移所需的人、财、物等各方面资源不必要的支出,为公司避免经济损失60余万元,维护了企业权益,避免对企业造成不良社会影响。

(国家电网龙岩供电公司档案室　童海红供稿)

守护万家灯火

一阵急促的铃声惊醒了睡梦中李班长。"110kV飞桥变10kV#2电容器组9C2开关又报控制回路断线信号了,调控中心要求马上处理!!!""好的,马上派人处理。"

国网永安市供电公司运检部变电检修一班人员接到任务后,迅速奔赴飞桥变电站进行抢修。在现场,检修班人员拆下开关的面板,发现开关分闸线圈又一次烧毁,这是导致开关故障的主要原因。但是一定有什么不寻常的缺陷隐藏于开关机构中,导致开关在前后不到一个月的时间内接连故障。

为避免开关内部缺陷放大,日后再次故障影响电网稳定运行,检修一班人员申请调取110kV飞桥变10kV加装电容器工程的相关档案,分析故障原因,寻找解决方案。国网永安供电公司档案室人员闻讯,第一时间调取了该电容器组的出厂资料、竣工图纸、厂家说明书等相关档案。变电检修一班人员通过查看开关的厂家说明书和出厂资料,获取了开关机构分闸回路各部位的机械行程和二次回路走向等信息,通过现场逐一比对、核实,终于发现了问题所在。

此次事件提醒了公司档案员,他们又向检修一班提供了永安公司所辖变电站内10kV手车开关的档案资料。检修一班人员将根据档案资料,结合定检开展同型号开关的排查工作，未雨绸缪，杜绝隐患，保证电网设备的安全稳定运行，守护万家灯火。

■ 110kV 飞桥变 10kV#2 电容器组 9C2 开关机构图

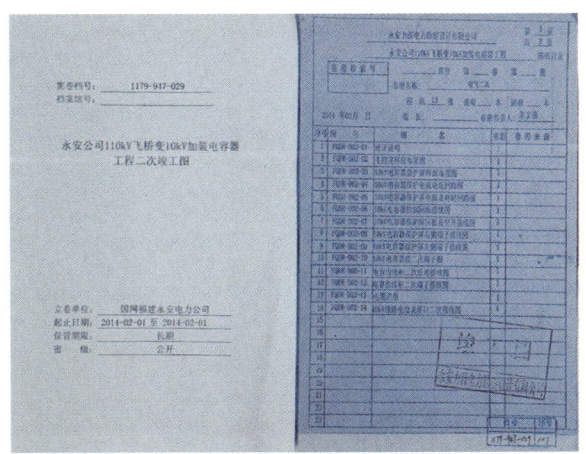

■ 110kV 飞桥变 10kV 加装电容器工程档案

（国家电网三明供电公司档案室　陈蔚豪供稿）

圆满解决"讨薪事件"

2017年6月中旬,由于薪资纠纷,宁德兰田~白花π入新厝220kV线路工程施工分包商——湘潭水利电力开发有限公司(以下简称"湘潭公司")所属20多名劳务人员相继围堵国网宁德供电公司、宁德市政府大门讨薪。后该事件移交宁德市蕉城区公安分局,以"拒不支付劳动报酬罪"立案受理。

"讨薪事件"发生后,国网宁德供电公司迅速启动维稳预案,紧急成立事件处置工作组,并确立以全面收集档案资料,研究相关法律问题为突破口的工作思路。

首先,查阅档案,了解工程基本情况。国网福建省电力有限公司于2012年通过公开招投标,确定国网江西省送变电建设公司(以下简称"江送公司")为该线路工程施工承包单位,江送公司将工程劳务分包给湘潭公司,工程于2012年8月开工,

■ 宁德兰田~白花π入新厝220kV线路的合同、分包单位资质、分包计划等档案

2015年1月竣工投产。

其次，查阅线路工程的分包单位资质、分包计划、财务付款凭证等档案资料，发现分包商湘潭公司将工程以分公司名义转包给汪某为负责人的班组承接，属于典型资质挂靠承接业务。合同签约人汪某因无施工资质，作为包工头管理模式，挂靠湘潭公司承接分包业务，并对工程层层分包以农民工组队用工方式施工，湘潭公司是欠薪第一责任人。

再次，查阅江送公司与湘潭公司签订的分包合同、工程施工管理材料、宁德供电公司财务付款凭证，发现宁德供电公司已按照合同履行结算职责，而江送公司未切实履行分包结算职责，未将欠薪矛盾同步知会建管单位，总承包单位江送公司应对欠薪事件负总责。

■ 追回欠款，向民工分发薪资，讨薪事件圆满解决

通过对档案资料的分析法律责任后，确定以查证为主，司法途径为辅的方法。国网宁德供电公司依据档案资料，积极向市、区两级党委、政府汇报，阐明在这起讨薪事件中国网宁德供电公司非欠薪主体，取得理解和支持。宁德市委、市政府、市政法委等主要领导和分管领导分别作出批示，要求相关部门积极配合，妥善解决。市政法委召集相关单位

领导和民工代表进行面对面沟通，依据档案资料进行有理有据解释，得到农民工的认可。供电公司向宁德市公安部门提供翔实的档案资料，为立案并限期侦办提供有力证据。通过警企合作，8月中旬，拖欠民工工资如数追回。国网宁德供电公司办公室、建设部配合市劳动监察支队向民工分发薪资，分发过程中要求各民工提供身份证复印件，并在领取后在薪资签收单签字摁手印，保留相关的凭据材料。供电公司同步收集民工讨薪事件相关材料，即时整理归档，做好档案管理闭环工作。

国网宁德供电公司档案收集完整规范，及时准确提供利用，为农民工讨薪事件的圆满解决提供了有力支撑。事件发生期间，正值金砖厦门会晤举办的关键时期，档案资料证据确凿、充分，有效平复民工激愤情绪，维护了社会的和谐稳定，也维护了企业的合法权益。

（国家电网宁德供电公司档案室　林华娟、刘敏、郑雀艳供稿）

以档为凭获补数万

2019年9月5日上午，福鼎白琳镇镇政府一名工作人员持介绍函，陪同张先生来到福鼎市档案馆，要求帮助查找福鼎白琳金利石材厂征地批文，以落实白琳镇石板材行业整顿后土地征收款补偿问题。

福鼎白琳镇是全国建筑石材基地之一，经营石材行业已有20多年的历史，其生产的"福鼎黑"享有"东方奇石"之美誉，远销欧洲等地。20世纪90年代，白琳金山工业园曾拥有石板材企业360多

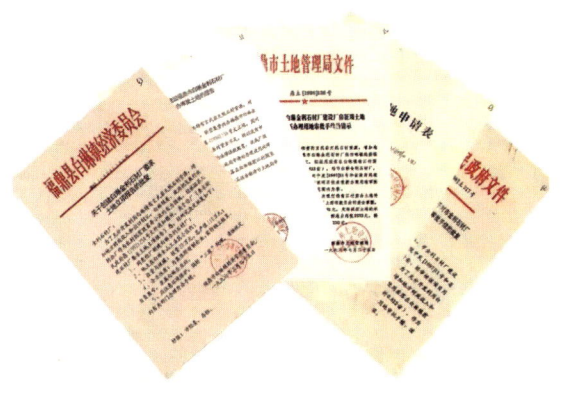

■ 福鼎市白琳金利石材厂建设厂房征地批文

家，是闽东最大民营工业园区，年创利上亿元，解决了一万多名农村剩余劳动力就业问题。但随着近十多年开采利用，加上管理方面等问题，企业排放的污水破坏生态环境，严重影响当地百姓正常生产生活。"既要金山银山，又要绿水青山。"近年来，福鼎市政府一方面完善基础设

施,加强监管,改善污染等突出问题,另一方面加快推进石板材产业转型转产。由白琳工业园对原有企业重组整合,统一征收、规划管理,划分30多个片区建立厂房,由企业自愿参股。规定原企业厂房有用地审批手续每亩给予21万元补偿,没有用地审批手续则每亩12万元。白琳安达石材厂是白琳板材厂之一,张先生是现企业法人代表,而安达石材厂是从金利石材厂转让而来。在这次企业厂房整合时,张先生发现本厂除有转让协议外,没有其他相关办厂原始材料,无法确定厂房用地是否经过审批,这直接关系到厂房征收后补偿款发放标准问题,于是来到档案馆寻求帮助。

问明来意后,档案馆工作人员立即帮助查找,在政府办全宗数字目录库中找到金利石材厂信息。通过查看内容,为张先生提供了从立项到批复的档案复印材料:1996年福鼎市白琳镇经济委员会《关于创建白琳金利石材厂要求土地立项报告的批复》,1998年白琳金利石材厂《关于申请征地建设福鼎市白琳金利石材厂要求补办审批土地的报告》,福鼎市土地局《关于福鼎市白琳金利石材厂建设厂房征用土地要求重新办理用地审批手续的请示》及批复等材料。从这些档案材料,可以看出金利石材厂是1996年3月建厂的,1998年7月办理用地审批手续,征用土地541.3平方米。有这些档案佐证,按目前土地征收标准,可以一次性得到厂房土地征收补偿款17.05万元,比原先预算增加7.31万元。张先生接过这些档案资料十分高兴,表示拿到土地征购补偿款后会入股重组企业,继续从事石板材生产。

(福鼎市档案馆　陈承纯供稿)

从"大海捞针"到"探囊取物"

2020年7月20日15时,国网宁德供电公司飞鸾供电所辖区城澳至青山门头海底电缆突遭渔船抛锚外破,导致故障停运,该海缆是青山、斗帽、鸡公山等3个海岛的重要供电线路,岛上1392余户居民生活用电受到影响。要保障海岛供电,急需掌握海缆路径,探明故障点,修复被损坏的电缆。国网宁德供电公司运检部第一时间组织人员进行抢修,

■ 海缆打捞现场

■ 海底电缆故障点

福建省送变电工程有限公司海缆抢修队也派员进行打捞及查找故障,但因海缆运行近20年,海缆标识已基本不存,要想在海深40米左右的海域探明故障点及打捞电缆,难度可想而知,均无功而返。

国网宁德供电公司档案人员立刻查阅城澳至青山门头海底电缆的档案。根据提供的档案资料,查清海底电缆坐标路径、电缆设备型号,抢修人员迅速探明海缆故障点并打捞出海,快速向厂家订购电缆设备,用最短的时间修复并恢复供电。利用档案,把原本"大海捞针"的工作变得如"探囊取物"般容易,快速修复故障,不仅给岛上的居民提供了可靠的供电保障,还节省了打捞、故障定点等相关费用100万元。

(国家电网宁德供电公司档案室　林华娟、刘俊杰、付海婷供稿)

水泥杆的"华丽转身"

配电线路承载着电力供应"最后一公里"的使命,将电送到千家万户。传统的配电线路由于电压等级不高,采用水泥电杆加拉线方法来满足杆塔的强度要求,占用了沿线大片的土地。每年夏秋季节,连江沿海常有台风登陆或经过,在极端天气下,电网常常面临倒杆断线、设备损毁、供电中断等风险。

为了进一步优化电网网架结构,有效提升供电能力,满足连江经济社会高质量发展的用电需求,国网连江供电公司大力推进窄基塔建设。

■ 1988年8月城关变电站线路改造现场水泥杆

窄基塔结构合理,强度可靠,兼具安全、经济、环保、加工方便等特点。那么如何加大配电杆塔防风抗台能力,设计适合连江地区的窄基塔呢?

连江公司通过档案室调取1988年8月城关变电站6kV线路改造及2018年9月官坂镇辋川窄基塔建设工程的档案,查阅了连江地区土地实地勘测数据、窄基塔档距、基础尺寸、杆塔型号、风振系数与输电线路参数等关键数据，制定了适合连江地区的最新设计与施工方案，探索出将窄基塔与水泥杆建设结合的新模式，让水泥杆"华丽转身"，不断优化坚强网架。

■ 2018年9月官坂镇辋川窄基塔建设工程现场

截至目前，国网连江供电公司共完成706座架空线路窄基塔建设，主要分布在苔菉、黄岐、筱埕及浦东片区，完成黄岐、浦东防台示范区建设，提升线路窄基塔比例，实现了抵抗14级台风的目标。在近两年台风及恶劣天气灾害期间，连江地区窄基塔均未发生倒杆倒塔事件，充分证明了将窄基塔与水泥杆建设结合的新模式是适合连江地区的。

（国家电网福州供电公司档案室　郭宪煌、林小雨供稿）

地形图辅助叶蜡石矿调查

叶蜡石具有化学稳定性、低热胀性、低热传导性、低导电性、高绝缘性、高熔点、良好的抗腐蚀性等特点，是功能陶瓷（超硬陶瓷、超高压电瓷）、绿色新型耐火材料、高性能玻璃纤维、超硬材料（人造金刚石）等的重要生产原料之一，是重要的新能源（风电风机叶片）材料和新型功能材料。但我国对于叶蜡石矿地质勘探工作开展较少，属开发利用较落后的矿种之一。为缓解叶蜡石矿产勘查后备资源不足，提高我国战略新兴产业保障程度及矿产资源储备，国家积极推动在福建和浙江两大叶蜡石产区的矿产勘探工作，向中国建筑材料工业地质勘查中心福建总队下达了在福建发现一处叶蜡石找矿远景区的任务。勘查中心利用现有地质资料初步划定福建省屏南县双溪镇至政和县杨源乡一带为目标区域开展勘查工作。但是由于缺少该区域基础地形资料，野外勘查工作的难度较大。

福建省基础地理信息中心资料档案馆按照勘查中心的有关标准及要求，梳理、查询并提供福建省双溪—杨源1:10000地图档案16件。勘查中心于2020年5月开始野外勘查工作，技术人员根据地图档案上的地形信息，规划每天地质调查线路，逐一开展勘查。技术人员将部分矿体界线绘制在地形图上，初步判断矿体形态，预估矿体资源量。通过地图档案的有效利用，勘查中心福建总队大大提高工作效率，缩短了叶蜡石矿远景区划定的时间，节约外业工作成本达 50 余万元。

■ 叶腊石矿场图

（福建省基础地理信息中心资料档案馆　黄晓冬供稿）

百年气象站专题资源库的档案元素

在中国百年气象站的名录中，福建省共有 5 个气象站获 75 年台站认定，18 个气象站获 50 年台站认定。这些至今仍正常运行的气象站，记载了气象站历史变迁，见证了福建省气象事业的发展历程。为充分挖掘、整合档案资源，提升百年气象站档案资源全方位、多维度的利用效果，福建省气象档案馆在全国率先开展百年气象站档案专题资源库建设，福州和武夷山气象观测站是第一批建设台站。

在专题资源库建设过程中，项目组从福建省气象档案馆和观测台站收集并整理了福州站 1934—2021 年间和武夷山站 1940—2021 年间共 10 余类连续气象观测记录档案，建立了观测记录档案库，并发布档案目录清单。这些观测记录档案中蕴含气温、降水、湿度、风速、气压、酸雨、辐射等气象要素数据，为研究百年气候变化、

■ 20 世纪 50 年代的福州海洋气象台观测组

气象预报服务和气象科研等提供重要的数据支撑。

台站沿革档案记录台站建站时间、台站名称变化、迁站历史、观测要素变化、观测时次、使用观测仪器情况、观测人员、台站发生的重要事件等。项目组根据收集的两站的台站沿革档案信息,采用OCR识别加人工录入相结合的方式进行数据抽取和解析,建立台站名称和体制变革、台站位置、观测任务、观测仪器、观测人员机构、台站大事记等专题库等;利用图片加图表搭配文字以站台发展的时间脉络进行档案资料整合,编制了"海关观测记""民国测候所""台站新发展"等编研专题,以图文并茂的方式展示新中国成立前海关观测历程、测候所的创建发展和新中国成立后福建省自主气象观测发展的历史脉络。

项目组精选馆藏特色珍贵档案,创建档案珍品库,主要包括:1954年编印的含有1880年至1954年福州连续降水气象数据的《福州气象资料》、1934年福州站形成的月总簿、1946年天气图、1938年版《福建

■ 1983年武夷山气象站(时名崇安气象站)

通志》、1949年手绘台站登记证、1936年时任福建省教育厅厅长郑贞文编写序言的《福建气象》月刊、1929年竺可桢写序的《测候须知》、1938年福建省第一任局长石延汉编写的《福州之降水》和1941年编写的《福建省气候志简编》以及一批时间跨度为1901年—1946年台湾气象档案资料等珍品。这些珍档不仅具有科研价值，还具有重要的历史价值和文化价值。

为了更加充实档案专题资源库，项目组对两站历史照片进行多方收集，创建百年气象站图片专题库，并在气象业务平台展示。这些珍贵的老照片不仅生动展现

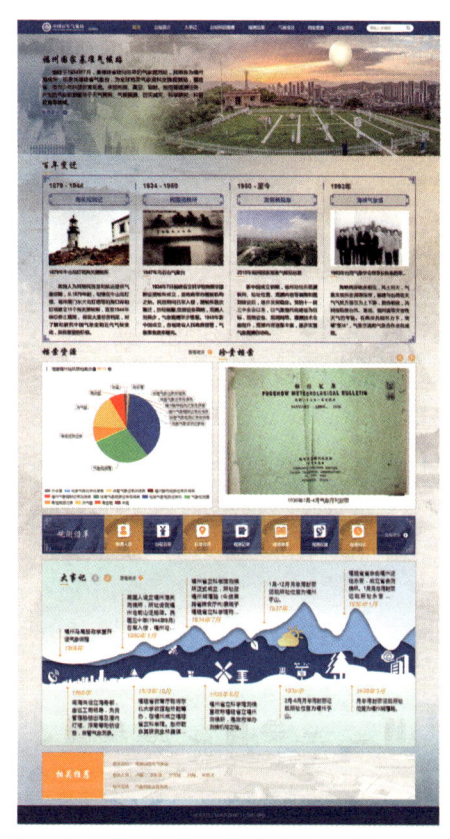

■ 百年气象站档案专题资源库之福州站

了早期观测人员的精神面貌、观测台站环境变迁，更体现福建省气象事业发展由弱到强的历史变化。

项目组在溯源和挖掘福州站和武夷山站1949年前的历史发现，虽然两站的发展沿革时间脉络清晰，但缺少有效的发文政令。为更好地还原新中国成立前气象站的发展变迁，项目组工作人员在福建档案信息网上"开放档案"和"档案专题"栏目中查阅到民国测候所相关档案，并下载"关于制定福建省测候总所组织规程的令""关于请公鉴福建省测候总所组织规程的报告""附送福建省测候总所组织规程"等关于测候总所的函文训令。根据"民国时期气象专题"档案目录，项目组到省档

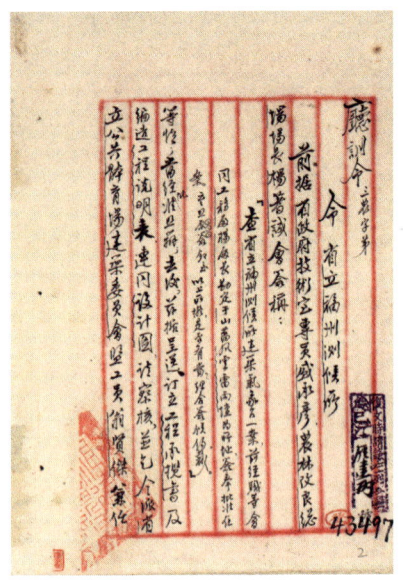

■ 福建省建设厅关于在福州于山建筑气象台给省立福州测候所等单位的训令

案馆查阅"福建省建设厅关于在福州于山建筑气象台给省立福州测候所等单位的训令",首次证实曾在福州于山开展气象观测的历史。查阅到"呈报武夷山测候所开始观测的报告"等函文。省档案馆馆藏气象档案资源,填补了气象档案馆馆藏之不足,为建设百年气象站专题资源库提供了有力支撑,项目组顺利完成了相关专题的编研。

福建省百年气象站专题资源库中的档案元素及档案编研成果,不仅展示了两站的气象历史变迁,也积极推动了气象观(探)测环境保护、气象站历史文化宣传和气象科普知识普及。

(福建省气象信息中心　郭庆燕供稿)

气象观测数据助力热岛效应研究

城市化是影响全球气候变化的因素之一,城市扩张引起的城市热岛效应是影响城市居住适宜性的重要因素。为了解福州在近20多年来快速发展下城市热岛效应的演变情况,福建师范大学环境科学与工程学院的副教授李某指导研究生团队开展相关研究,两次来到福建省气象档案馆请求帮助。

福建省气象档案馆收集整编了新中国成立以来福建省气象站长序列、完整的气温历史观测记录数据,其中地面观测站的气温数据是反演城市地温和精确评价城市热岛效应的可靠验证依据。按照研究需求,福建省气象档案馆技术人员梳理馆藏档案制作了福州市五城区的地表温度

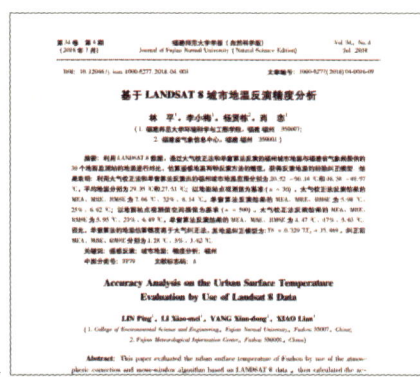

■ 学术论文节选

和气温历史数据产品提供给研究团队。

研究团队利用气象资料为基础数据进行分析，研究获得了福州市1996—2016年热岛强度和热岛空间演变特征。研究成果对福州城市规划、福州生态宜居城市建设和福州生态文明建设等提供了科学有力的技术支撑，为政府决策提供专业支持。

（福建省气象信息中心　张敏供稿）

档案维护国有资产

新圩变电站位于厦门市翔安区,建筑面积420.6平方米,宗地面积约9290.4平方米,于1995年竣工投产,2010年6月退役停运,国网厦门供电公司封闭了出入通道。2018年春节过后,厦门公司员工巡查时发现变电站围墙及大门被破坏,场地内原有面积近8000平方米的数百棵林木被砍伐殆尽,原有绿化用地被水泥硬化,整个场地及建筑物被侵占为汽车培训场,周边居民养鸡养鸭。

厦门公司和侵占方多次交涉无果。2018年5月,厦门公司向翔安区扫黑除恶专项斗争领导小组办公室举报,请求依法取缔违法侵占行为。受理举报后,扫黑除恶办公室要求厦门公司提供新圩变电站权属证明。

新圩变电站原属镇办集体企业,20多年来,机构、人员、资产几经更迭,尚未取得土地房屋权证。如何证明新圩变电站的所有权成为一个难题。

针对历史遗留问题,厦门公司建立档案专项对接服务机制,组织档案人员和法律人员等成立

新圩变电站林木被砍伐,场地被硬化,被侵占为汽车培训场

档案支持工作组,收集档案资料,深度分析破解难题。

厦门公司档案支持工作组成员走访老员工了解新圩变电站的基本信息,搜集到新圩变电站原属于中外合资的镇办集体企业这一信息后,立即前往变电站所在地厦门市翔安区政府相关部门查找关于新圩变电站相关立项及用地文件。

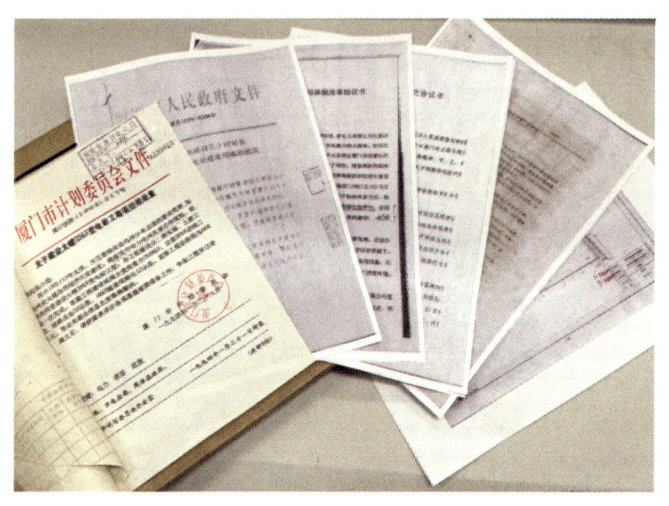
■ 变电站工程相关档案

档案支持工作组成员从翔安区政府部门查找到《兴办"同新供电公司"合同书》《关于同安县新圩35kV变电站建设用地的批复》《关于同意建设同安新圩35kV变电站工程项目的批复》等文件,了解到同新供电所是新圩镇人民政府与新加坡同成鱼商公司于1994年联合兴办的镇办集体企业,同年投资建设新圩35kV变电站。

那么,新圩变电站如何成为公司资产呢?

档案支持工作组成员通过跨全宗检索,在原同安电力公司文书档案中,查找到《厦门市同安电力公司体制改革协议书》《同新供电所资产收购移交协议书》等资产收购移交依据性档案。

通过这些档案了解到,新圩变电站所在地原属于厦门市同安区,后行政区域变化,现属于翔安区。同新供电所因累欠同安电力公司1000多万元电费无力偿还,依据福建省电力有限公司与厦门市人民政府签订的《厦门市同安电力公司体制改革协议书》中关于同新供电所问题的约定,2005年7月同安电力公司、新圩镇人民政府、同新供电所三方签订《同新供电所资产收购移交协议书》,同新供电所全部固定资产由同安电力公司收购。同安电力公司在2005年7月无偿上划福建省电力有限公司,由厦门公司代管,同安电力公司于2016年注销。

■ 被侵占土地收回修整后,用作厦门公司仓储场所

抽丝剥茧,透过一件件档案,新圩变电站的所有权从同新供电所到同安电力公司再到国网福建省电力有限公司的资产更迭脉络逐渐清晰。

2018年9月,厦门公司成功收回近万平方米土地房屋使用权,新圩变电站场地修整后作为厦门公司同翔分中心仓储使用。如果按翔安区2019年初土地拍卖价格2.6万元/平方米计算,新圩变电站使用权的回收,避免了2亿多元国有资产的流失,维护了国有企业的合法权益。

(国家电网厦门供电公司档案室 祁宁供稿)

电力抢修进行时

2018年7月11日上午,台风"玛莉亚"正面登陆福建连江县黄岐半岛。500kV川崇Ⅱ路AC相故障,三相跳闸,影响宁德核电厂送出负荷。当日下午台风过后巡视发现500kV川崇Ⅱ路#75塔下相横担断裂,跳线瓷瓶破损严重的危急缺陷,而此刻线路已强送成功,带电运行情况十分危急。该输电线路是福建宁德核电厂的电力送出主要通道之一,宁德核电厂又是福建电网邻近华东地区主干电网的重要电源,其稳定运行直接关系着核电的安全以及福建省乃至华东地区电网的安全。

7月10日台风登陆前,国网福建电力启动防抗台风Ⅰ级应急响应,检修公司立即启动档案工作应急响应机制,档案室主动联系输电中心快速响应,利用数字档案系统提前收集可能遭受台风重创的闽东沿海第一道山梁相关线路杆塔设计图纸(铁塔加工图、塔型图等),逐个标注杆塔明细、档号,保证档案能第一时间为一线抗台人员提供及时精准服务。同时,档案人员实时跟踪用档需求,保持24小时通讯畅通。

7月11日上午台风登陆前,肆虐的"玛莉亚"将500kV川崇Ⅱ路线路铁塔上长达7.5米的横担吹断,线路被迫停运。接到重要线路故障信息后,应急指挥中心综合利用档案信息和保护测距信息,准确研判故障点,从整条线路163基铁塔中缩小故障杆塔范围到#75至#81塔之间，把故障查找效率提高了96%以上。上午8:30国网福建检修公司输电中心技术人员于第一时间到档案室查阅档案，档案人员和抢修人员密切配合，通过检索公司数字档案系统下载了500kV川崇Ⅱ路#75—#81的杆

■ 500kV 川崇Ⅱ路 #75 塔下相横担断裂，跳线瓷瓶破损现场

塔结构图、金具绝缘子串组装图、平断面定位图、杆塔明细表等电子档案，先行发往现场应急指挥中心供抢修准备。

7月11日下午台风过后，抢修人员现场巡视确定了故障点在#75塔，技术人员到档案室调阅纸质工程图纸档案提供给抢修现场。在上午查找的电子档案范围内迅速调取了#75塔的"5SJ357H换位塔结构图""双回路换位塔跳线金具绝缘子串组装图及跳线安装图"，研究制定抢修方案。现场输电应急指挥中心根据图纸上的塔下导线横担图、绝缘子及金具的型号参数及厂家等数据信息，结合现场勘查情况立即连夜加工所需加工的塔材，同时备足绝缘子、金具等物资的备品备件，当晚即确定抢修方案，签发工作票，12日物资及时运抵现场，13日故障线路送电成功，顺利完成历时34个小时的500kV川崇Ⅱ路#75塔危急缺陷处理任务，解除了宁德核电和福建电网的安全隐患。

"玛莉亚"台风导致的线路故障情况危急，安全影响涉及面广，国网福建检修公司档案应急服务响应迅速，档案调阅与灾情进展同步进行，

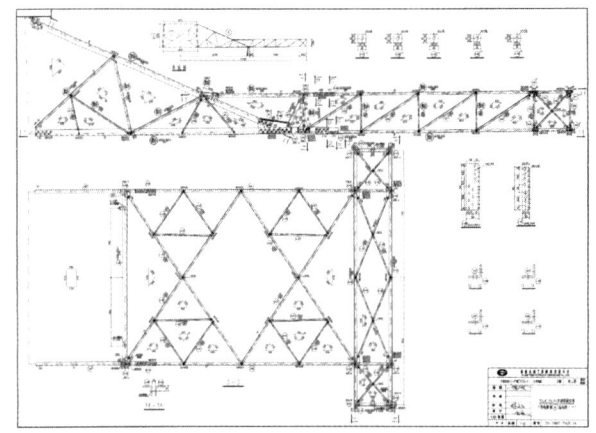
■ 500kV 川崇Ⅱ路 #75 换位塔下导线横担图

为迅速查找线路故障点、编制抢修方案、调配抢修物资等工作提供了强有力的支撑，档案精准服务，快速抢修复电，节约了宝贵的时间，提高了应急抢修工作效率（比原计划缩短了 10 个小时的抢修工时，增加经济效益 360 万元），阻止了事故的进一步扩大，保障了福建 500kV 主干电网及宁德核电的安全稳定运行。

《福建日报》刊登了《国网福建电力集全网之力集团化快速抢修复电》的专栏报道、福建东南网发表文章《宁德第一时间抢修复电》等众多主流媒体的宣传，展现了国家电网电力铁军"人民电业为人民"的责任担当。

同时，《中国档案报》、"中国档案资讯网"对公司档案服务电网抢险工作的宣传，档案价值得到充分挖掘和传播，档案在企业发展、电网运维中的重要作用得到充分体现，在应急管理中的强大信息支撑功能得到充分展示，档案人员心系大局、主动服务的形象得到认可。

（国网福建检修公司档案室　翁非、林衍供稿）

档案化解山界纠纷

德化县春美乡（原为双翰乡）周边相邻的大田县屏山乡（原为济屏乡），新中国成立前，属德化县管辖。1950年8月，屏山乡划归大田县管辖。因历史原因，大田县屏山乡与德化县春美乡山林界线不明确，发生权属纠纷。

2017年8月25日，春美乡政府委派工作人员到德化县档案馆查找

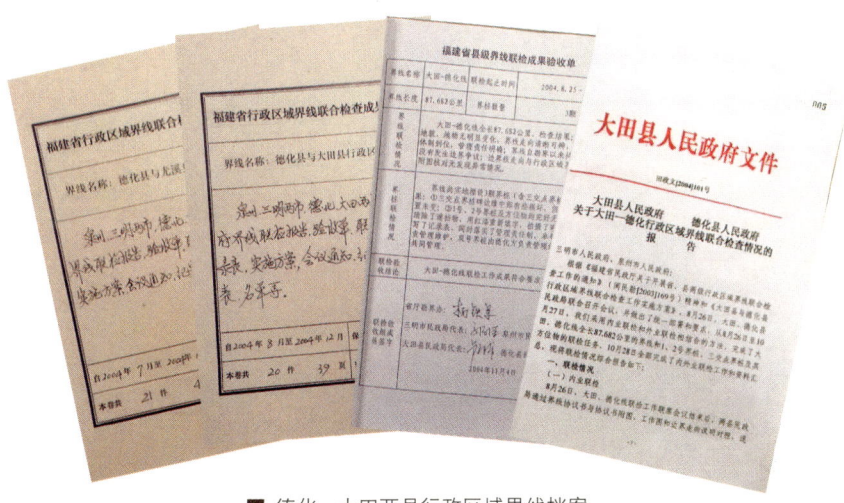

■ 德化、大田两县行政区域界线档案

山界权属依据。在档案馆工作人员努力下,查找到泉州与三明两市县行政区域界线联检工作联席会议纪要、大田县与德化县县级界线联合检查现场记录表、德化县与大田县行政区域界线、大田县政府与德化县政府联合勘定行政区域界线工作底图、1966年大田县屏山公社与德化县双翰公社协议书等5份档案。这些档案资料为明确两县的山界权属提供重要依据,化解了两县山界纠纷,解决了两县的历史遗留问题。

(德化县档案馆　陈必致供稿)

一纸协议确定水库归属

政和县东平镇金峰村和常佈村原来同属一个行政村，1991年分为两个行政村。两村因水库归属问题经常发生纠纷，更是引发打架斗殴事件。两村村民多次到东平镇政府要求解决水库归属问题，甚至集体上访。

2016年，时任东平镇党委书记刘某辉了解了事情经过，知道化解矛盾的关键在于找到1991年两村分村时签订的相关协议。刘书记来到政和县档案馆，请工作人员帮助查找金峰村和常佈村1991年分村时签署的协议。档案馆工作人员认真查找，仔细查阅馆藏档案，终于在1991年东平镇人民政府的相关档案中，找到当年两村分村时签署的协议，协议清楚地写明水库归属问题。东平镇人民政府依据政和县档案馆提供的档案信息及时化解

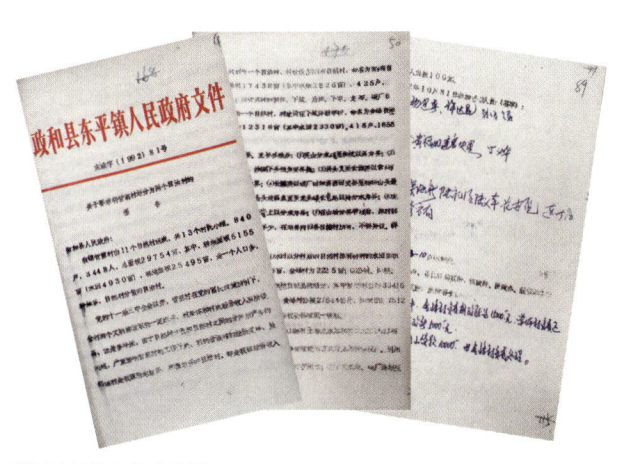

■ 两村代表签字协议

了两村村民的矛盾,避免了村民集体上访事件的发生。

事后,刘书记感慨地说:"档案平时看起来不起眼,关键时能发挥大作用,为及时化解村民之间的矛盾、促进乡镇和谐稳定发展、为群众解决历史遗留问题等方面提供了有力佐证,切实为维护大局社会稳定保驾护航。"

(政和县档案馆 沈毅乾供稿)

打赢"金砖燃气保卫战"

2017年9月,金砖国家领导人厦门会晤圆满落幕。在"金砖"背后,饱含着无数人的辛劳付出。这其中,就包括了肩负会晤燃气保障重任的厦门华润燃气。厦门华润燃气有限公司为确保所有管线能够安全供气,针对已有管线的运行状况进行了全面安全排查。在档案

■ 金砖国家领导人厦门会晤外景

人员的配合下,管网技术人员利用室藏档案,整理了管线监检记录报告,查阅了关键节点的资料,依据资料全面检查了管线安全状况。同时为确保会晤期间重点场馆、酒店安全稳定供气,厦门华润燃气有限公司以档案人员提供的各相应用户的燃气管线工程档案作为参考,委派业务骨干进驻重要酒店对燃气管道及设施进行巡检维护和应急处置,全力备战,用心护航,打赢"金砖燃气保卫战",圆满完成厦门会晤保障工作。

(厦门华润燃气有限公司 吴丽萍供稿)

档案助推桃溪流域综合治理

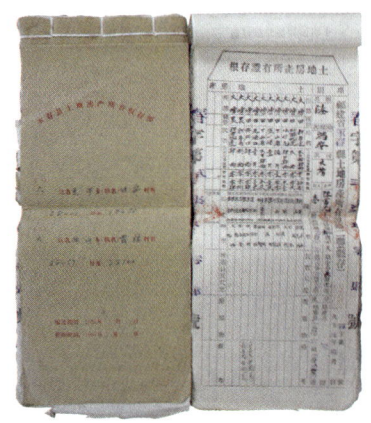

1952年东平镇鸿安村土地证存根

绵延61.75公里的桃溪,既是永春县的母亲河,也是山美水库的重要水源,关乎600多万泉州人的饮水安全。近年来,永春县大力实施人工湿地景观建设,以及流域干流一重山范围内造林绿化、幼林抚育、封山育林6666.6公顷的桃溪流域综合治理项目,力图打造一条桃溪生态景观走廊,再现桃溪"清波荡漾拂人醉、一城人家半城碧"的昔日芳华。东平镇鸿安村、石鼓镇卿园村两地分别是该项目的示范路段、重点路段,在规划征迁工作中涉及当地的土地农田,由于农地、田地两种土地补偿标准不一样,为解决征迁补偿问题,两村村干部到县档案馆寻求有关证明资料。档案馆工作人员通过翻阅1952年的土地证存根,上面注明了土地性质,复印了大量的档案资料,为两村的征迁补偿工作提供了有力依据,帮助两地顺利完成了征迁工作。档案助推桃溪流域综合治理项目顺利有序开展。

(永春县档案馆　庄建梁供稿)

档案保障"中国女排娘家"基地建设

女排精神是中央批准的第一批纳入中国共产党人精神谱系的伟大精神。漳州是中国女排的娘家,漳州"中国女排娘家"基地建设作为漳州市重点项目,牵动着500万漳州百姓的心。该项目包括腾飞片区、龙轴片区等5个片区,总征迁建筑面积约41.88万平方米,涉及2478户居民、11个机关单位和22个企业。

2020年该项目启动后,由于征迁范围较大,牵涉不同群体的征迁补偿等利益问题,而项目规划内的建筑大多建于20世纪,年代久远,一些早期土地规划及建筑报建等资料下落不明,这使得项目前期的征迁工作陷入瓶颈。了解到漳州市档案馆可能存有这部分历史档案资料,相关部门及人员多次来到档案馆寻求帮助。

由于项目规划内的居民楼老旧,距今已有几十年历史,部分原房主已离世,其补偿继承难以认定。2020年5月6日,街道办事处工作人员来到档案馆查询多位原房主亲属关系,查档人员通过系统检索后调取相关干部人事档案,利用干部履历表有力印证其亲属关系,为后续拆迁补偿协商厘清了脉络。

项目范围内部分单位由于机构整合及人员更迭,早期土地房屋的备案登记及报建材料遗失。2020年8月13日,福建省汽车工业集团漳州销售公司等多家企业来到档案馆查找相关原始档案，查档人员仔细筛查后找到了龙溪地区经济委员会关于该企业基建职工宿舍楼、仓库设计的批复等多份重要档案，为制定建筑征收补偿方案提供了参考和依据，积极推进项目建设。

鉴于漳州"中国女排娘家"基地项目正如火如荼地开展，基地附近的一些建筑也有意进行升级改造，以更好地适应周边整体环境。基地周围的华侨饭店于20世纪80年代立项，相关部门要求提交改造申请时需提供早期建造相关资料。2020年5月9日，华侨饭店派人来到档案馆查询，在查档工作人员的努力下，成功找到华侨饭店早期立项审批资料及饭店沿街新华北路和腾飞路道路拓宽征迁土地等相关资料，解决了饭店燃眉之急，为饭店升级改造扫清障碍、奠定基础。

档案为漳州"中国女排娘家"基地项目顺利推进提供了可靠遵循和有力保障，全力服务市委市政府中心工作，进一步提升漳州城市品牌。

（漳州市档案馆　王耀斌、陈琛供稿）

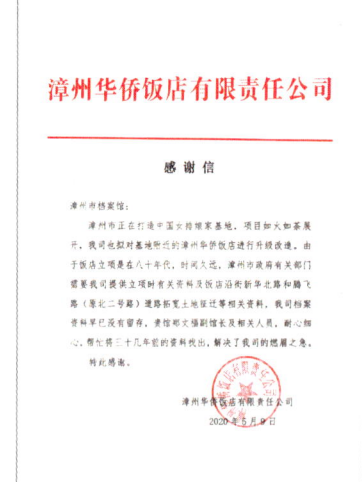

■ 华侨饭店的感谢信

消防图纸助领公共维修基金

2015年底，辉庆广场B栋住宅发生火灾，所幸及时扑灭未造成人员伤亡。这起火灾向小区业主们敲响了警钟，他们决定加强小区消防安全建设。经过实地查看，业主们发现小区内消防设备自小区建成后从未使用过，消防系统的电机、水泵、水管都已经老化锈蚀，无法再投入使用，必须全部重新设计更换。经测算，更换新设备费用约26.4万元。业主们决定申请使用公共维修基金进行维修，而申请使用公共维修基金需要递交小区消防资料。

由于开发公司已注销，物业也没有保存相关的消防资料，业主们四处奔波找寻，仍旧无法找到消防资料。看来这笔维修费用只能由业主们分摊了。

2017年11月29日，四处寻访无

■ 辉庆广场图纸档案

果的陈先生代表小区业主，抱着试试看的心理，来到泉州市城市建设档案馆。工作人员在询问过他的来意后，迅速调出辉庆广场A、B、C、D、E栋的水卫、电气竣工图及小区总平面图，为其提供了消防给排水平面图、消防系统图、消防弱电图等图纸档案复制件共计96张。有了完整的消防图纸，业主们就可以申请使用公共维修基金来改造小区消防系统了，节省开支20余万元。

（泉州市城市建设档案馆　黄钰华供稿）

确认权属　保障征迁

周宁县不锈钢深加工产业园是福建省重点项目，总投资50亿元，规划用地面积约400公顷。其中，一期规划用地116.2公顷，引进不锈钢深加工企业43家，投产后年产量可达40万吨，实现产值100亿元以上。

■ 李墩不锈钢产业园新貌

项目落地，首当其冲是征地工作，项目征地涉及李墩、黄埔、陈厝3个行政村，涉征群众400多户、房屋39栋、合作社11家，时间紧、任务重、范围广。这些土地牵涉村民之间各种纠纷，既有历史遗留问题，也有新生矛盾，错综复杂的关系令征迁工作一度陷入困境，直接影响了项目建设的顺利开展。

为更好更快认定涉征土地的权属问题，确保项目顺利实施，2019年4月，李墩镇司法所负责人会同党政办干部前来周宁县档案馆查阅土地及林权等相关档案资料。周宁县档案馆工作人员在了解其查档目的后，为其调阅了李墩、黄埔、陈厝3个村的1952年土地房产证存根、1982年甲种林权证、山林权土地统计汇总表、山林权清册、无林地、疏林地、自留地清册和社员自留山证等档案资料，经多次筛选，工作人员为其复印500多页档案资料。

面对档案馆提供的这些档案资料，查档人员不禁感叹："太好了，这些就是我们急需的档案资料，没想到，这些档案保存得这么完整。"根据县档案馆提供的相关档案资料，项目工作人员厘清了涉征土地的权属问题，妥善解决了周宁县不锈钢深加工产业园项目涉征土地纠纷，促进该项目在第一个百日就完成了153余公顷的土地征收工作。

连江县人民政府为改善百姓居住环境，疏解老城区人口压力，需对连江县玉荷西路两侧片区棚户区进行改造建设，县人民政府拟征收该棚户区改造项目范围内国有土地上的所有房屋。2018年4月，连江县委、县政府正式启动征迁改造项目，计划2个月时间完成。时间紧、任务重，棚户区改造项目指挥部工作人员从多方入手做好征迁工作，但由于棚户区房屋构成复杂，旧式房屋存在多户共有厅、廊面积使用，共同空间产权认定困难；片区内又有营业性店面认定问题，性质、产权无法明确，

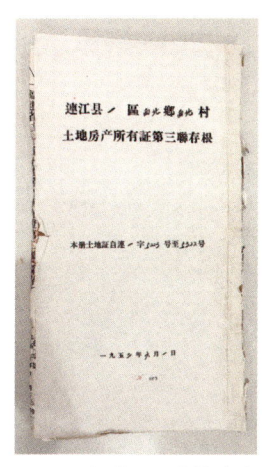

■ 1952年连江县土地房产所有证存根　　■ 20世纪90年代玉荷西路拆迁安置相关档案

给征迁工作带来很大阻力。为更好地完成征迁工作，对存在异议的房屋及店面明确产权，指挥部工作人员来到连江县档案馆查阅有关产权档案。县档案馆馆藏有新中国成立初期公产清册、土地房产所有证存根及契税存根，以及20世纪90年代玉荷西路拆迁指挥部移交的相关拆迁档案。根据征迁工作人员提供的线索，县档案馆工作人员耐心、细致地翻阅城关地区房产契税档案，并复印交给征迁指挥部工作人员作为明确产权的依据。对于营业性店面，县档案馆工作人员通过查找、翻阅原玉荷西路拆迁时的店面销售、协议书、决算单等材料，对店铺面积以及所有权的变动提供了佐证依据，明确了产权归属，助力征迁工作顺利进行。

（周宁县档案馆　魏文玉、陈茹　连江县档案馆　欧燕星　联合供稿）

档案化解土地确权难题

由于缺少档案材料,三明市拘留所的土地确权成了历史遗留问题。为了解决这个难题,2019 年 12 月,三明市公安局警保处郑警官多次来到三明市档案馆利用窗口。

经过了 40 多年,地名更迭频繁。窗口工作人员和郑警官一起调阅了多个全宗的档案,一边查档案,一边做笔记,抽丝剥茧一般梳理出该地块权属变化的过程:

1970 年,在该地块筹建福建省三明市牛角坑煤矿;

1973 年,"福建省三明市牛角坑煤矿筹建处"改名为"福建省三明市碧口煤矿筹建处";

1975 年,三明地区公安局新设立收容审查站,经地区革委会领导协商、研究,同意将原碧口煤矿职工宿舍、餐厅等房产转让给地区公安局作为收容审查站使用;

■ 查阅的档案

1976年，三明地区革委会批复同意三明市收审站在原煤矿食堂周围建围墙，并征用徐碧大队耕地1亩作为扩建用地；

1992年，陈大收审所改建治安拘留所免费征用河滩地；

1993年，三明市人民政府批复同意三明市公安局扩建治安拘留所征（拨）土地。

经过一番查找与整理，三明市拘留所土地原始调拨手续清晰，佐证材料完整，土地确权工作顺利完成。

三明市档案馆的优质服务得到了市公安局领导的认可和高度评价。2020年2月18日，市公安局特意给三明市档案馆送来了感谢信。

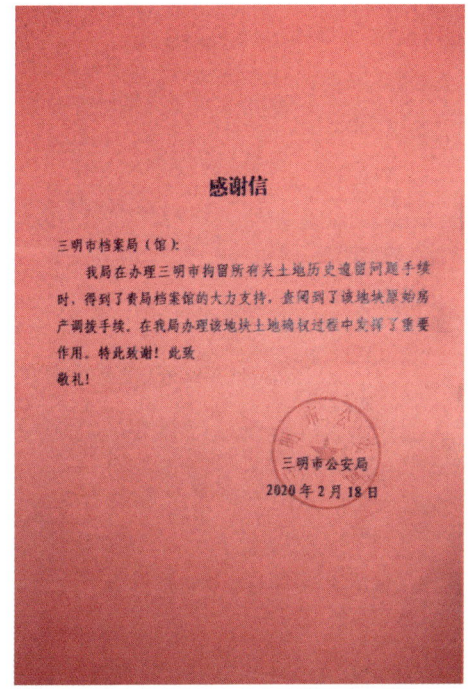

■ 三明市公安局的感谢信

（三明市档案馆　游志高供稿）

档案为征迁工作保驾护航

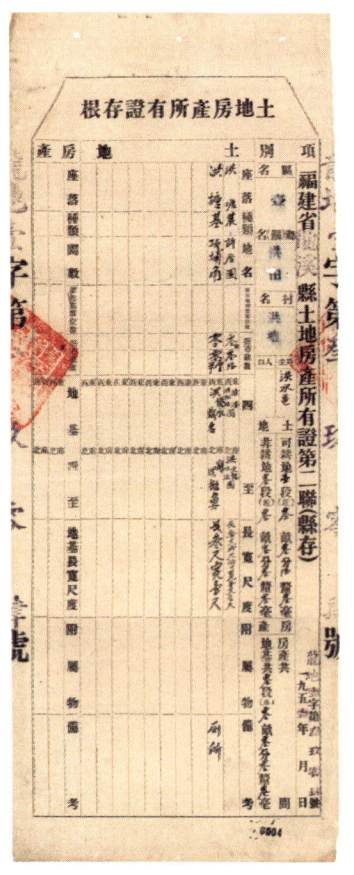

■ 土地房产所有证存根

2016年以来,随着漳州九龙江南岸的大力开发建设,厦漳同城大道、龙江南路景观提升、圆山大道、漳州市医院高新院区等重点项目持续推进,颜厝的征迁工作也全面铺开。

以上重点项目涉及颜厝镇的洪塘、下宫、田址、上洋、宅前、石碑、庵前等10多个行政村,其中有很多被征迁房屋是建国初期的老房子,在征迁过程中出现权源不清、四至不清。各项目征迁指挥部既要做好动迁工作,又要确定老房子的权源,征迁工作一度陷入困境。面对这一情况,龙海市档案局领导审时度势,主动与颜厝镇镇政府对接,简化查档手续,通过成批查档、预约查档等形式有效服务征迁工作。

据不完全统计,2016年以来,龙海

市档案馆的查档"小窗口"共接待来自颜厝镇的村民1000余人次,提供了600多份土地登记证存根复印件。这些档案不但为各项目征迁指挥部提供了有力的依据,更化解了被征迁户之间的邻里纠纷,为颜厝重点项目征迁工作的顺利开展起到不可估量的作用,得到龙海市委、市政府的肯定。

(龙海市档案馆　叶尚发、黄细环供稿)

档案保障铁路征迁工作

兴泉铁路是连接江西省兴国县与泉州市的一级铁路,是国家重点交通基础建设项目,该项目德化段全线长约29公里,用地面积37.13余公顷,需拆迁房屋及企业厂房68798平方米,征地拆迁涉及德化县盖德镇、美湖乡、春美乡等乡镇。由于征地拆迁面积大、范围广,加上年代久远,许多界址不清、产权不明。德化县兴泉铁路工程建设指挥部派人来到德化县档案馆,查阅1950年代土地房产证存根及1960至1980年代土地申请等原始档案材料。面对查档繁多、馆内人员紧缺这种状况,德化县档案馆开辟查档绿色通道,调配人手,简化利用手续,全力做好服务

■ 查阅现场

工作。

兴泉铁路德化段自2017年3月22日动工建设历时半年多的时间里，档案馆接待拆迁工作人员咨询60多人次，接待盖德村、美湖村等村民咨询310人次，为征地拆迁工作查阅房产、山林权属等档案材料2000多卷次，出具档案证明材料3000多份，为征地拆迁工作提供第一手资料，解决了村组界址不清、住房产权所属等问题，化解了村与村、组与组、村民与村民之间的矛盾纠纷，保障了拆迁户的合法权益，也使兴泉铁路德化段征拆工作迅速全面展开，成为泉州段安征迁工作最快、最顺利的县区，取得了兴泉铁路福建段沿线县（市、区）征迁工作名列前茅的好成绩。

（德化县档案馆　陈必致供稿）

古民居档案化解收益分配难题

2016年2月,鲤城区档案馆来了一位特殊的利用者——陈先生,他一连两天查了十几份的档案资料,而这些档案都是常泰街道五星社区的土地证存根。这么具有私人财产性质的个人档案怎么都让陈先生一个人来查阅呢?虽然有亲属关系,其他房产的亲属难道都没意见?社区也这么随意开具证明?带着疑惑,档案馆工作人员就详细询问,这一问才

■ 斗南陈氏华侨家族民居群

知道，原来这些土地档案承载的房子可不是一般的房子，是泉州赫赫有名的被列为闽南文化生态保护区泉州古城示范区的"九十九间中式古厝——斗南陈氏华侨家族民居群"。

斗南陈氏华侨家族民居群占地4000平方米，是福建省优秀近现代建筑，其中四座欧式风格洋楼始建于1934年，是由印尼华侨信记公司的陈氏四兄弟兴建。这些房子的主体是欧洲式样，但房顶却以传统的燕尾、马鞍屋脊来示人，这种兼具闽南和欧式风格的建筑，独具一格，因此要求在保留原貌的基础上，修旧如旧进行修缮，作为闽南古建筑修缮示范典例。为此，政府也在经济上给予业主一点补助。这些房子的主人大部分是印尼华侨，长期寄居国外，很少回国，他们委托陈先生打理这些房子。但毕竟这是家族房产，名下房主众多，产权分配复杂，如何分配这些租金，也难倒了陈先生，既为了公平，也为了和睦，陈先生便想到了"有案可稽"的档案，土地档案中明确的房产姓名、共有人数，提供了清晰的产权分配脉络，是最好的分配依据。

（泉州市鲤城区档案馆　郑慧供稿）

文化传播

追忆廖俊波

廖俊波同志是福建省浦城县管厝乡人,生前担任福建省南平市委常委、副市长,武夷新区党工委书记。2017年3月18日,廖俊波同志在赶往武夷新区主持召开会议途中不幸遭遇车祸,因公殉职,中共中央追授其"全国优秀共产党员"称号,中宣部追授其"时代楷模"荣誉称号。浦城县档案馆多次组织人员到南平市、政和县、浦城县管厝乡等廖俊波工作和生活过的地方开展档案资料收集工作,共收集到1000余份档案资料。

■ 廖俊波先进事迹展示馆一角

为了纪念廖俊波同志，让广大党员干部能够深入学习廖俊波的对党忠诚、心系群众、忘我工作、无私奉献的优秀品质，浦城县管厝乡政府准备筹建廖俊波先进事迹展示馆。2017年8月9日，管厝乡副乡长黄晓芳来到浦城县档案馆查询，县档案馆工作人员将收集到的档案资料全部提供给管厝乡政府。2018年2月，廖俊波先进事迹展示馆正式建成，展馆面积100多平方米，其中有80%左右的素材均由浦城县档案馆提供。截至2021年9月，共有3万多人到此参观学习。廖俊波先进事迹展示馆的建成，不但弘扬了廖俊波精神，也提高了管厝乡的知名度，为管厝乡旅游文化的开发建设添砖加瓦。

（浦城县档案馆　金玉婷供稿）

弘扬谷文昌精神

为了加强党员干部教育,更好地学习谷文昌事迹,弘扬谷文昌精神,2020年以来,东山县宣传部联合东山县委党校开展编写谷文昌年谱工作,遍寻谷文昌书记的足迹,重振谷文昌书记精神。

谷文昌年谱编写工作需要大量的历史材料、历史数据。由于年代久远,各项资料类杂繁多,档案馆成为收集资料的主阵地。通过查询保存多年的珍贵档案资料,可以再次回顾谷文昌书记的生平事迹,特别是他建设东山、打造美丽东山的奋斗历程。

编写组工作人员多次到访东山县档案馆,档案馆工作人员全力配合,提供相关档案资料227卷,其中包括1959年到1961年的《东山日报》12册、谷文昌书记生平事迹91卷、国家功勋馆、东山党史研究6卷,以

谷文昌在东山犁田

及谷文昌书记在东山岛治理风沙、种植木麻黄等相关内容。

东山县档案馆将所查询到的这些相关资料登记在册,方便编写组查阅、编写。通过对历史档案的梳理,清晰地还原了当时的情况,这些重要的档案资料,是谷文昌年谱编写工作重要的一手材料,为编写工作提供了丰厚的内容,更为学习党史、弘扬谷文昌精神发挥了积极的作用。

(东山县档案馆　杨文桂供稿)

囊萤之光引领厦大

厦门大学，简称厦大，由著名爱国华侨领袖陈嘉庚先生于1921年创办，是中国近代教育史上第一所华侨创办的大学，也是国家"211工程"和"985工程"重点建设的高水平大学。1926年2月，福建省第一个党组织——中共厦门大学党支部在厦大囊萤楼成立了，近百年来厦大一直秉承着囊萤之光所倡导的爱国精神不断奋进。

2016年，厦大打算筹备一个革命史展览馆，主要记录1921年至1950年厦门大学师生反抗外来侵略、拯救民族危机的奋斗历史，但是缺少一部分必要的档案资料，因此厦门大学档案馆的谢老师来到福建省档案馆查阅档案资料。

省档案馆的工作人员根据厦大革命史展览馆的主题展开搜索，耐心查找，共提供了抗日救国告同胞书、厦大师生爱国罢课宣言、王助烈士照片等二十几件档案资料。谢老师高兴地说："这些珍贵的红色档案资源，充分体现了厦门大学师生在爱国民主运动、抗日救亡运

■ 王助烈士

动中所体现出来的责任担当和爱国精神。有了它们的鉴证,我们厦大革命史展览馆一定会办得更好。"

2016年10月,厦大历史文化展馆群获批"厦门市爱国主义教育基地"。厦大革命史展览馆作为厦大11个展馆中的翘楚,已经成为一个陶冶爱国情操、弘扬民族精神的重要阵地,囊萤之光将引领厦大建设新的辉煌。消息传来,省档案馆工作人员也为此感到由衷的高兴。

(福建省档案馆　陈昕供稿)

忆峥嵘岁月　赞辉煌成就

　　2021年恰逢中国共产党百年华诞，厦门市自然资源和规划局为庆祝建党100周年，讴歌党的光辉历程和丰功伟绩，弘扬党的优良传统，在"七一"前后组织开展了"十个一百"系列活动。其中，"百年征程·厦门红色记忆"参观见学活动和"'百年光影'——'忆峥嵘岁月、赞辉煌成就'"档案图片展两项活动能够成功举办，档案发挥了决定性作用，功不可没。

　　"百年征程·厦门红色记忆"参观见学活动由局机关党委牵头，测绘中心承办。测绘中心联合系统各基层党组织和工会，经过精心搜集挖掘，确定了97处革命活动旧址和烈士故居等红色建筑。为了弄清这些红色建筑的具体坐落、内部结构、建筑面积等情况，经办人员到档案中心查阅了不同时期相关土地与房产历史档案和确权档案百余卷次，掌握了翔实的一手资料。测绘中心根据这些档案资料，有效结合实时测绘数据，在"天地图·厦门"定位并落图，编印"厦门红色教育资源导览图"；同时，还精心串联出15条红色文化经典线路，组织局系统全体干部职工有序开展参观见学活动，探寻红色史迹、回顾奋斗历程，激发广大党员干部的爱国热情。

　　"'百年光影'——'忆峥嵘岁月、赞辉煌成就'"档案图片展由厦门市自然资源和规划局机关党委牵头，档案中心、交研中心（规划展览馆）承办。档案中心充分发挥200余万卷土地房产档案藏量的自身优势，通过细致查询、审慎甄别，最终遴选出28处早期中共组织活动地点或机构旧址以及烈士故居等"打卡红点"，开展全方位、多角度的深层挖掘、严谨考证，结合对亲历者或知情人口述历史采集，把每个"打卡红点"的革命活动和烈士事迹编撰成系列红色故事，并辅以建筑和人物照片及相关图片，形成"红色基因"档案，以便提供再利用。交研中心（规划展览馆）根据"红色基因"档案的相关文字和图片，经过精心提炼和艺术编排，在规划展览馆二楼布置独立展区，于6月初隆重推出"'百年光影'——'忆峥嵘岁月、赞辉煌成就'"档案图片展。展览面向社会开放，其间共有系统内外100多个支部组织党员干部前来参观。同时，局机关党委还有效利用"理论宣讲轻骑兵"队伍的宣传优势，让他们以红色建筑"守护人"的身份，在系统网站、公众号以及电视、报纸等公众媒体上，分别宣传和推介自己所"守护"的红色建筑，分享"红色基因"档案文化，弘扬与传承红色基因和革命历史文化。

■ 百年光影展览一角

（厦门市自然资源和规划局　程厚林、颜妍供稿）

红色基因代代传

寿宁是福建省32个重点老区县之一，二十世纪二三十年代，在中国共产党的领导下，叶秀蕃、范浚等革命先驱和刘英、粟裕、叶飞、范式人、曾志等无产阶级革命家曾先后在寿宁领导老区人民开展艰苦卓绝的革命斗争。而今正值百年建党之际，寿宁县南阳含溪村建起了革命纪念室。

2021年8月17日，闽东含溪革命纪念室工作人员陈某持介绍信来到寿宁县档案馆，他告知工作人员，因含溪革命纪念室缺失关于叶尧明

■ 闽东含溪革命纪念室内叶尧明个人简介

的部分材料，需要核实他是否曾是新四军"老六团"的战士。据了解，叶尧明，寿宁县南阳镇含溪村人，1919年出生，1935年入伍，跟随叶飞参加革命，新中国成立后返回寿宁工作。

工作人员了解情况后，通过在档案管理系统中检索"叶尧明""老六团"等关键词搜索有关档案目录，大量档案后，最终查找到能体现叶尧明曾加入"老六团"的档案。随后工作人员为其提供了这部分已开放档案的复制件，陈某欣喜而归。

不久后，陈某回电档案馆，称其在档案馆查找的档案资料派上用场了，他摘取了档案中关于叶尧明事迹简介部分文字，编辑制成了革命纪念室中叶尧明版块故事简介，其来源可靠，有据可查，为此他向档案馆工作人员表示感谢。工作人员答复："含溪是中共闽东特委正式成立地，也是中共福寿县委旧址所在地，建立闽东含溪革命纪念室有助于推进我县传播红色文化、弘扬革命精神，让红色基因代代相传，同时也能促进寿宁红色旅游业发展。挖掘和利用馆藏珍贵红色档案资源，是县档案馆的职责所在，应该的！"

（寿宁县档案馆　陈静柳供稿）

党旗映前岐

2019年11月11日上午,福鼎市前岐镇党委书记李章通将一面"珍存历史、惠及民生,服务至上、担当责任"的锦旗送给福鼎市档案馆,感谢市档案馆对前岐镇闽浙边界红色文化展示馆建设的支持。

前岐镇是闽浙边界红色革命老区,是浙南游击根据地的重要组成部分,有革命烈士221人。在这里曾召开中共闽浙边临时省委第十次扩大会议,并通过了成立浙南人民革命委员会的决议,刘英、粟裕率领的中国工农红军挺进师在这里取得了李家山战斗等重要胜利,具有深厚红色文化底蕴。

为贯彻习近平新时代中国特色社会主义思想,进一步挖掘红色文化内涵,弘扬党的优良传统和传承老区革命精神,提升红色文化教育的影响力,2018年,前岐镇镇党委、镇政府开始筹建闽浙边界红色文化展馆,并出台向社会公开征集文史资料的办法。由于多种原因,前岐早年文史资料较匮乏,给历史板块的编排带来一定困难,于是2019年初镇政府派人到福鼎市档案馆求助寻找相关资料。福鼎市档案馆高度重视,安排专人帮助查找档案资料,经过几个月的努力,从馆藏民国档案和市委办、市政府办、市委党史办和前岐镇镇政府等相关单位文书档案及资料中寻找到有关内容,并进行分类整理,提供了上百份文书、照片等历史档案资料，这些资料极大丰富了展示馆的展示内容，充实了前岐镇红色文化内涵。

展示馆于2019年9月25日正式开馆，总体建筑面积为1050平方米，分为"血染丹青""党旗指引""悠悠岐阳""多彩福东""边界新城"等五个单元，真实记录了党在前岐领导革命斗争，带领人民群众建设社会主义，同心同德不断前进的历史进程。目前，该馆已成为福鼎市开展"不忘初心、牢记使命"主题教育和党史学习教育活动的重要基地。

■ 前岐镇红色文化展示馆一角

（福鼎市档案馆　陈承纯供稿）

展览馆内话忠诚

2017年10月12日，为建设福建警察学院警史馆，警察学院宣传部部长黄伟等人到省公安厅办公室档案室查阅《福建省公安组织机构沿革》、《福建省志·公安志》（第一辑、第二辑）、《福建公安画册》等档案资料，初步筛选出张鼎丞题词（复制件）、持枪证、公安臂章等48件实物档案资料，按照公安档案利用制度规定登记借出用于展览。2018年1月31日，为建设福建警察学院忠诚教育展览馆，学院党委委员、副院长郑效强带队到省公安厅办公室档案室查阅了省公安干部学校等相关文书档案，借出《福建省志·公安志》（第一辑）、《福建公安史志资料》（第一辑至第十二辑）、《厦门公安志》等档案资料。

■ 福建省公安厅领导在参观展览

福建警察学院警史馆和忠诚教育展览馆，展出大量珍贵文书、照片和实物档案，这些档案凝固了鲜为人知的历史瞬间，讲述了福建革命斗争和福建公安发展的光辉历程，展现福建省人民警察在巩固新生政权、建立社会主义新秩序、保卫改革开放等不同历史时期的辉煌事迹，再现公安英烈可歌可泣的英雄壮举。广大参观民警在感动和震撼之余，接受了忠诚教育，锤炼了党性修养，传承了红色基因，强化了作为共产党员和人民警察的责任感、使命感和荣誉感，进一步把对党忠诚、人民公安为人民的意识融入血脉，践行初心使命，坚定理想信念，锻造忠诚警魂，为维护国家安全和社会稳定奋勇前进。

（福建省公安厅　卢美新供稿）

印证南树村红色历史

2016年8月初，武夷山市兴田镇南树村邱主任等4名村两委人员到武夷山市档案馆，邱主任说明来意："我们想为传承红色基因挖掘红色文化做一点事。我村一直流传着许多红色故事，但是缺乏史料的支撑，因此想来这里查找抗日战争、解放战争中光荣牺牲的革命烈士、五老前辈的英雄事迹记载和南树村的其他红色历史资料，印证一下这段红色历史。"市档案馆工作人员热情接待，耐心细致地查阅革命历史档案。从8月至9月，南树村三次派人前来档案馆调阅当年建浦苏区、红军兵工厂、战地医院等资料，市档案馆工作人员为此全力协助查询，在浩瀚的史料里，在密密麻麻的字里行间，经过反复深入查阅，调阅革命历史档案60余卷，终于查到记载建浦苏区独立师在南树村活动的档案资料以及建立"花枪连"的宝贵资料等20多件。南树村邱主任激动地说道："这些宝贵历史资料丰富了兴田的红色文化，为乡村建设红色基地做出巨大的贡献！太感谢你们了！"

■ 南树村的感谢信

（武夷山市档案馆　余勋供稿）

壮哉！长征中的闽西儿女

2016年9月，龙岩市永定区档案局张局长专程赶到福建省档案馆。原来永定区档案局为了进一步办好爱国主义教育展览——《长征中的闽西儿女》，特意来查阅相关档案资料。

1934年10月，中央红军主力部队开始长征，闽西人民成为红军长征的中流砥柱。"红军不怕远征难，万水千山只等闲。"闽西人民子弟兵在长征中英勇善战，抛头颅、洒热血，在最艰难的时候，担任起最艰巨的任务，以自

■ 闽西将军戎装照

己的鲜血和生命换取长征的胜利。参加长征的闽西子弟兵大约2.8万人，占中央红军主力部队总人数的三分之一，几乎遍及长征的红军各部和各个岗位，到达陕北时，闽西子弟兵仅剩下2000余人，可谓是长征路上"一里一英魂"。

在参加长征的闽西儿女中,共产生了57位将军、33位省部级领导,他们是刘亚楼、杨成武、刘忠、张南生、陈仁麒……张局长此行主要查阅这些长征培育出的闽西将军。经过工作人员的一番仔细查找,张局长查阅并复制了记录着永定籍长征英豪的照片30张、档案文件65页。他高兴地表示这些档案资料真实展示了闽西儿女在长征途中的壮志豪情,既丰富了永定区档案馆馆藏,也为本次展览添光加彩,真是不虚此行!

(福建省档案馆　陈昕供稿)

为申遗贡献档案力量

2021年7月25日,"泉州:宋元中国的世界海洋商贸中心"项目顺利通过第44届世界遗产大会审议,正式成为中国第56处世界遗产。消息传来,泉州市档案馆工作人员深深地感到与有荣焉。

■ 联合国考评专家与泉州市副市长周真平、泉州市申遗领导小组档案组副组长陈若波合影

泉州申遗工作进入冲刺阶段,为收集更多更全的档案资料,为泉州史迹考证、申遗文本编制等提供最原始的佐证材料,2017年7月至2019年6月,泉州申遗办工作人员多次到泉州市档案馆查阅有关安平桥、顺济桥、乌屿码头等22个遗产点相关档案资料。泉州市档案馆充分发挥档案部门专业优势,积极主动配合相关部门为其提供档案服务,通过档案管理系统,查阅到1961年至1984年22个遗产点相关文书档案若

干及照片档案98张。

泉州市档案部门在申遗过程中积极融入、服务大局、立足实际、开拓创新,为成功申遗提供了大量且珍贵的历史档案资料,翔实地佐证了作为古代海上丝绸之路起点之泉州"涨海声中万国商"的繁盛。这些珍贵历史档案,如17世纪泉州府古地图、清末至民国时期泉州古城老照片、20世纪90年代联合国"和平方舟"号赴泉州考察珍贵照片等,引起了联合国、国家文物局专家的高度关注和强烈兴趣。泉州档案部门卓有成效的工作得到了联合国、国家考评专家和申遗领导小组的充分认可。

(泉州市档案馆 叶婷供稿)

档案架起沪明连心桥

三明和上海,有着深厚的历史渊源和特殊感情。

从20世纪50年代开始,全国10万大军支援三明重工业基地和"小三线"建设,上海人民积极响应号召,从1959年至1970年间,以三星糖果厂、立丰染织厂、永久皮鞋厂等为代表的18家上海轻工企业迁入三明,为三明建设发展注入了蓬勃向上的力量。

长笛一声,车轮滚动,数以万计的上海子弟跟随列车向南飞奔入明。挑土开荒、搭盖工棚、建设厂房……这批远道而来的建设者们,坚韧实干、不辞辛苦,把最好的年华奉献给了三明,而三明人民,从未忘却上海建设者的付出。近年来,三明市档案馆深耕馆藏资源,潜心挖掘档案背后的故事,用档案为沪明情谊架起连心桥。

提升亲和力,出好"感情牌"

"厂里的档案找不到,社保也没有,我本来只是抱着试一试的心态来档案馆查一下,没想到一下子就找到了,这么方便、这么顺利。"市民谢某在市档案馆利用窗口前对着工作人员竖起了大拇指。

建市初期,陆续有9000多名工人及家属,去繁华就艰苦,从上海来到三明支援小三线建设。他们在工地上一住就是20年,把青春和汗水挥洒在三明的土地上。如今,他们大多已退休,有的希望回沪和亲人团聚,有的子女成年需要办理回沪落户手续。可是,在三明工业基地建设初期,人力物资的极度短缺导致文件资料整理和保管不太规范,查阅利用时需要逐卷逐页翻查,耗时长、查准率低。三明市档案馆针对在明支援人员及其子女办理回沪落户手续的问题,绘制迁明企业一览表,梳理出部分迁明企业职工及随迁家属名单,大幅缩短了查阅时长,提升了精准度。2016年以来,三明市档案馆共为迁明企业子女提供凭证316份。

提升协同力,助攻"课题关"

2017年8月,三明市档案馆收到了一封来自上海大学历史系"小三线"课题组的介绍信。查档工作人员在核对完身份信息后,对课题研究工作提供了大量支持。在课题研究的三年时间里,档案馆共提供档案256卷、报刊132册,不仅在馆内为课题组提供查阅利用服务,还积极为馆外的走访采集工作提供便利。工作人员提前摸排梳理出12名三线建设的亲历者,采取邀请进馆、上门走访等形式,与课题组成员一同采集了近百小时的口述资料。丰富的馆藏档案和鲜活的口述资料,助力课题研究顺利开展。课题组成员、东华大学马克思主义学院讲师刘盼红在《小三线建设研究论丛(第六辑)》中这样写道:"(三明市档案馆)藏有大量小三线资料,时间上横跨整个三线建设时期,甚至延至改革开放之后企业改制时期,内容覆盖该市(三明)三线企业迁建和发展工作,同时涉及福建省、华东区、国家有关

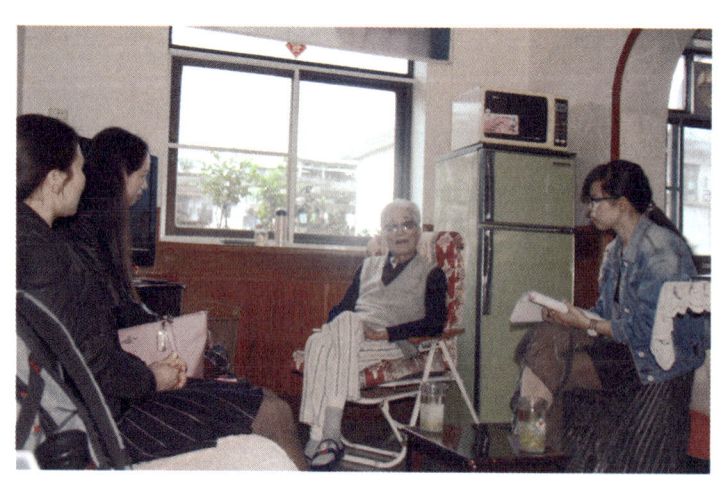

■ 市档案馆和课题组成员在迁明企业(三标厂)职工家采集口述档案

三线决策等。值得一提的是，该馆较为完整地保存了《三明日报》《山鹰报》等重要的报刊资料，为这项研究提供了十分有价值的参考。"

提升吸引力，弹好"协奏曲"

2019年10月24日，市委常委会作出成立福建省三明市沪明乡亲联谊会的决定，市档案馆作为联谊会成员单位积极配合联谊会开展宣传工作。充分挖掘沪明两地人缘、地缘、亲缘、情缘等潜在资源，为推进沪明交流与协作营造了良好的氛围。特别是2020年8月，三明市档案馆所撰《我的青春岁月》公开出版，书籍介绍了上海迁明企业——三明标准件厂的职工来明后的生产生活情况，记录了迁明职工在三明社会主义建设中的重大贡献

■ 2020年，三明市档案馆和三元区政协编撰的《我的青春岁月》出版

和艰苦奋斗的精神风貌。书籍出版后，触发了迁明职工的共同记忆，得到了上海、三明两地市民的一致好评。沪明联谊会成立以来，招商签约项目33个，其中文旅康养项目11个，总投资120.55亿元，18家上海企业意向投资三明，预计项目总投资115亿元。

（三明市档案馆　陈琳供稿）

佐证一段山海情

电视剧《闽宁镇》（后更名《山海情》）由国家广播电视总局创作拍摄，讲述了 20 世纪 90 年代以来，宁夏西海固人民在党和国家扶贫政策的引导下，通过福建的对口帮扶，不断探索脱贫致富路径，获得美好生活的故事。它既是庆祝中国共产党成立 100 周年的开年大戏，也是国家广电总局"理想照耀中国"电视剧展播活动的重头戏。

2020 年 8 月 21 日上午，该剧组编导在涵江区文旅局工作人员带领下来涵江区档案馆查阅有关反映涵江不同时期城市建设、经济发展、社会发展等方面的老照片及声像资料。根据剧组提出要求，工作人员查阅调出 2002 年 4 月时任福建省省长习近平同志考察白塘旅游区、20 世纪 80 年代国家领导人杨尚昆、李先念、

■ 涵江区旧城改造前街景

万里、乔石等视察涵江养鳗场、外国驻华记者团及日本友人参观涵江养鳗场以及涵江旧城改造前街景等照片，共计52张。剧组编导对档案馆提供珍贵照片表示感谢。

该剧已于2021年1月12日播出，据"中国视听大数据"（VCB）统计，首周每日平均综合收视率达1.34%，次周收视稳步上涨，受到了观众的认可，再一次证明主旋律作品是时代的最强音。

（莆田市涵江区档案馆　元小宝供稿）

探寻鼓岭邮史

"五口通商"后,福州"开埠"迎来大批外国人贸易、经商、传教。鼓岭因靠近市区、环境宜人,自1886年西方传教士在此建起第一座别墅,鼓岭很快被开辟成为声名远播的东南避暑胜地,最多时共建有362幢风格各异的避暑别墅,并配套建设齐全的教堂、医院、网球场、游泳池、万国公益社(俱乐部)等公共设施。为满足日益繁盛的消闲和避暑游客通信之需,鼓岭夏季邮局于二十世纪初应时而办,与北戴河、鸡公山、莫干山、庐山牯岭并称中国早期"五大夏季邮局"。清末民初,从这里寄往世界各国印有"kuliang"邮戳的邮件,让鼓岭蜚声海内外。

"kuliang"邮戳传递着中西民间往来的友好情谊,记录了中外文化交流的珍贵记忆,由其成就、传播、沉淀下的大国小家的故事,用生动的历史、纪实的感情和穿越的价值在一个世纪后继续将鼓岭解读、表达、推介给全世界。其中,美国伊丽莎白女士苦寻丈夫加德纳先生至死仍魂牵梦萦的第二故乡,终以11枚盖有"kuliang"字样的邮戳为线索,在时任福州市委书记习近平邀请下,圆梦鼓岭的故事感人至深并传为美谈。故事经2012年时任国家副主席习近平同志访美时的亲自分享,再次让鼓岭在全世界声名鹊起。

近年来,福建省档案馆发挥丰富馆藏优势,大力开展邮政全宗档案开发利用，助力鼓岭文化探索和历史研究，其中较有意思的当属鼓岭夏季邮局创办时间的考证始末。福州集邮家王先生最早考证出鼓岭夏季邮局创办时间为1902年6月16日，这个说法不仅被集邮界广泛采纳，也为文史界所普遍接受，在旧址上重建的鼓岭邮局门前的导览牌亦刻着"1902年6月16日"。2017年底，福州市集邮协会副秘书长陈先生，在整理原中华民国福建邮政员工林忠友手译稿时，偶然发现记载有1900年鼓岭夏季邮局的人事任命信息，遂撰写《寻觅鼓岭故事 深耕鼓岭邮史》论文，首次提出鼓岭夏季邮局创办于1900年的观点，引起外界广泛的关注和争议。争议的焦点是，手译稿能否作为邮史考证的历史凭证。

2018年10月，福州市集邮协会会员吴某受陈先生委托，前往福建省档案馆，试图查找佐证鼓岭夏季邮局创办时间的第一手档案资料。从馆藏起讫于1897至1949年丰富的邮政全宗中，调阅到《1905—1924年福州邮政局所详清单》档案，其关于鼓岭邮局分别于1905年、1924年7月和11月三次开展登记的详细记载中，均显示创办时间为1902年6月，考证工作似乎断了线索。吴某在仔细翻查林忠友手稿资料的基础上，以查找"邮局人事档案"为思路另辟蹊径，于当月第二次来馆继续查阅邮政全宗资料。由于1928年前邮务一直由外国人操办，卷内档案均为英文书写，查阅工作量颇大且费时费力。功夫不负有心人，在工作人员热心服务下，终于在邮政全宗人事档案中有了重大发现。在《1900年2月至10月31日加入的外国职员和华人供事》邮政档案中，清楚记载了邮政员工林振文于1900年在鼓岭邮局的人事任免记录："1900年7月1日由职员提职为'襄办供事'，负责鼓岭分局，至10月1日调回城内分局，薪津是10两"。无独有偶，2020年吴某再次来馆查阅档案时，在《1887—1908年福建邮政代办所（柜）代办人及代理人详情表》邮政档案中又赫然发现，邮政职员陈能光于1900年7月临时在鼓岭邮

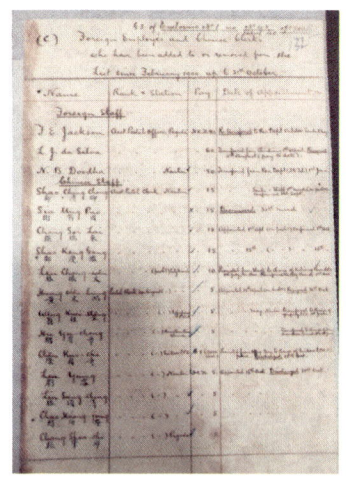

邮政员工林振文于1900年提职为鼓岭分局襄办供事的人事档案

局顶岗的履历档案:"1900年7月8日到8月8日,因为林振文生病,暂时主管鼓岭邮局"。以上两份档案人事任免时间均与"夏季"完美契合,应是鼓岭夏季邮局创办时间的铁证。

吴某认为:邮政全宗档案中关于鼓岭夏季邮局创办时间的记载前后不一致,很有可能是因为后期登记邮局创办时间的档案资料记录以讹传讹,而早期人事任免档案则是清清楚楚记录了鼓岭1900年已经创办夏季邮局的史实,不可能存在无中生有捏造邮局设立的事实。他遂在《闽都邮学》中撰写《扑朔迷离的福州鼓岭夏季邮局创办时间》一文,正式提出鼓岭夏季邮局开办时间应是1900年7月1日的观点。虽然尚缺当年邮局实寄封片的佐证,但这并不影响业界对此观点的普遍认可。经此考证,邮政档案的客观历史记录权威颠覆了鼓岭夏季邮局创办于1902年的共识,以两年之差直接将邮局创办时间推进至1900年,往前刷新到十九与二十世纪之交。

(福建省档案馆 陈亚供稿)

莆田百年医学

2018年8月,莆田学院文化与传播学院新闻专业系主任王老师带领的《百年医学》纪录片拍摄团队,为翔实记录莆田医学事业的峥嵘岁月,真实还原莆田学院医学教育的历史变迁,充分展现莆田医疗发展历史,在莆田市档案馆进行为期一周的查档考证。

《百年医学》以莆田学院医学部历史为主体,辅以莆田医学发展的故事,讲述自1895年(清光绪二十一年)英国教会创建莆田诊所,1899年创建莆田兴化圣教医院,1912年医院改名为莆田圣路加医院,并通过教育部专业认证所经历的百年沧桑历史。

■ 《百年医学》纪录片

当市档案馆的工作人员小心翼翼把馆藏首批福建省珍贵档案文献《圣路加医院契约》（清道光十三年至民国十二年）展现在摄制组成员面前，他们激动地说道："这就是我们要找的宝贝，它将为《百年医学》提供非常有力的史料佐证，非常珍贵、非常有价值，你们保存的太好了！"他们还拍摄了莆田学院附属医院门诊大楼和病房大楼基建档案、院史院庆档案、医院大事记等档案史料。

2021年7月20日，王老师特地带着《莆田学院医学教育发展史》丛书和《百年医学》纪录片来到市档案馆表示感谢，同时捐赠了《莆田学院医学教育发展史》丛书。

（莆田市档案馆　陈建荣供稿）

千年古刹的传承

2017年6月,莆田南山广化寺贤观法师一行4人来到莆田市档案馆送感谢信,感谢"市档案馆工作认真、热情周到,为梳理广化寺历史提供了宝贵的资料"。

第五届世界佛教论坛将于2018年在福建省莆田市举办,开幕式地点设在莆田南山广化寺。因此已有1400多年历史的广化寺打算编撰2本具有里程碑意义的文献类书籍,即《广化寺志》和《百年广化》。《广化寺志》内容包

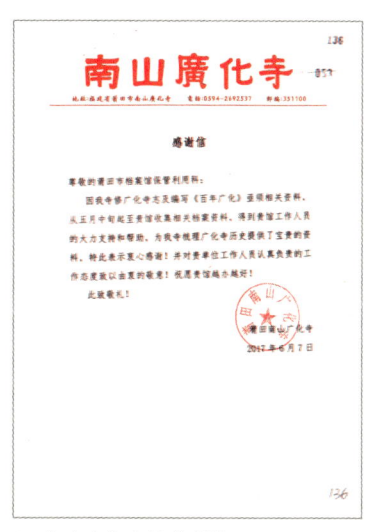

■ 南山广化寺的感谢信

括寺院所在地的地理背景、广化寺历史沿革、历代僧人以及护法人物纪传、寺院建筑、僧众教育、弘法利生、文物史迹等。全书以广化寺及周边环境,包括自然景观、人物艺文等为背景,以佛教的发展历史和现状为重点,以期全面真实地反映广化寺道场兴废、发展沿革,以及广化寺曾经承载的与莆田历史文化相关的史料。《百年广化》则侧重反映自清朝善和老和尚以来的广化寺发展历史,目的是更好地策励后学仰望祖师

风范,知恩念恩报恩,将寺院清净整肃的风格继承并传扬下去。

广化寺法师在市档案馆共查阅民国档案、新中国成立后档案152卷,复印档案资料378页,历时一个多月,内容包括:寺院修扩建、规划设计、侨僧捐助、恢复佛教协会、法师简况、出访交流、印行经书、文物修缮等等。这些档案材料为广化寺顺利编书修志提供了翔实、宝贵的第一手资料,为千年广化寺的传承发挥了重要作用。

(莆田市档案馆　陈建荣供稿)

百年华侨情

海沧古属漳州海澄县，名为三都。1896年，海沧108社之先贤为抗拒盗匪、保卫家乡、维护族人利益，组织形成了三都联络局。数年后发展至海外。1900年，槟榔屿海沧先贤为响应祖国乡亲号召，发起募捐基金，成立槟城三都联络分局（后改为总局）。成立后，跨国通力合作，积极与家乡密切沟通交流，为家乡做了突出贡献。这个可以追溯到一百多年前的民间华侨团体，直到今天仍然发挥着积极作用。

为了记录这一段历史，弘扬海外华人华侨爱国爱乡的民族精神，海沧区侨联侨史研究会决定编著《华侨三都联络局·百年志》一书。为此，2017年，海沧区华侨联合会魏女士多次来到海沧区档案馆查找关于"三都联络局"

■ 2005年，厦门市海沧区访问团与槟榔屿三都联络局董事合影

的相关材料。海沧区档案馆先后挖掘整理并为其提供了该华侨团体名称变更、启用印章、董事会成员名单等重要文件,以及包括各个乡的侨务政策、侨眷调查情况等大量有关海澄县的档案资料。当魏女士对这些档案材料认真研究后表示,"这些档案太重要了,尤其是海澄县的一些档案资料,都是真实原始的数据,没有这些我们便是空口无凭啊!"

(厦门市海沧区档案馆　王晓莉供稿)

追溯片仔癀发展史

漳州片仔癀作为一种名贵的中成药,对于止痛祛毒效果极佳,产品远销海内外,是著名的"漳州三宝"之一。漳州片仔癀集团源远流长,1956年,漳州市政府将片仔癀、天益寿、同善堂等品牌改造重组,成立公私合营的漳州市制药厂,这就是片仔癀集团的前身。然而由于企业早期对发展记录材料没有规范保存,导致如今企业在新中国成立前发展状况的相关资料少之又少。

2019年5月,为筹划片仔癀集团发展历程宣传展,片仔癀集团一行6人多次来到漳州市档案馆,希望查阅民国时期漳州片仔癀的档案资料。

了解来意后,查档工作人员积极检索相关档案资料,翻阅了大量的民国档案,以及医药杂志、报纸、期刊等相关资料,为片仔癀集团查阅到许多关于企业早期经营、发展的原始资料和丰富素材。值得庆幸的是,在馆藏的民国二十六年(1937年)《漳州商报》中,工作人员找到了一则关于补血荔枝酒的广告,图文并茂地宣传推广该产品:"补品君王,纯净荔酒,健康之路,化学酿成,产妇至宝,气味芬芳,老弱妙品,与众不同……"旁边附上该荔枝酒的图片,落款是漳州府口天益寿中药房总发行。天益寿中药房即片仔癀集团的前身之一,这是目前为止关于片

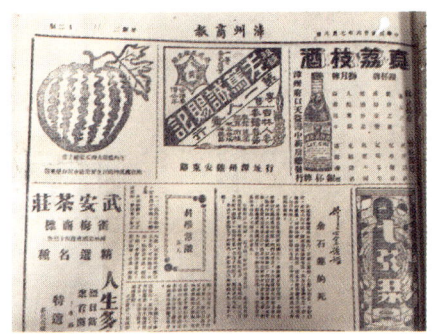 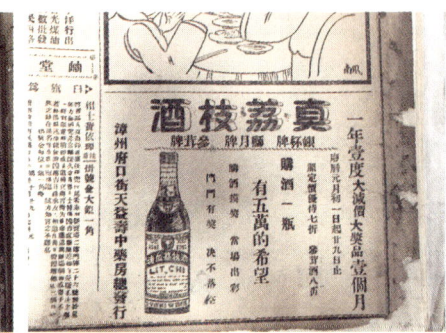

■ 馆藏民国二十六年（1937年）《漳州商报》

仔癀广告的最早记录，现场人员激动不已，他们惊喜地说，"真是太好了！有了这则广告，我们可以将片仔癀的历史往前推进十几年！"

　　泛黄的老报纸填补了当地著名品牌片仔癀民国时期发展史空白，有力印证了片仔癀早期产品的种类、包装、功效等情况，意义非凡。

（漳州市档案馆　王耀斌 陈琛供稿）

中孚药行的前世今生

福州市台江区档案局着力于档案开发利用,努力拓展档案文化功能。自上下杭历史文化街区修复改造工程启动以来,台江区档案馆多措并举向社会广泛征集档案,成果丰硕,其中中孚药行后人捐赠的史料最为珍贵,包括中孚药行创始人手迹、书籍、照片等。

为了让这些"沉默"而珍贵的档案变得"鲜活""立体",台江区档案局与陈汉阳先生、蔡侃先生等中孚药行后人,从寻访药行老员工、走访中孚后人、召开中孚后人座谈会等活动中获得了大量一手资料。经过一年多的不懈努力,终于将这批史料整理成书付梓。

全书大致分为四个部分:中孚药行往事、中孚红色记事、中孚老宅故事、记中孚后人等。中孚药行往事围绕陈幼鸿创立中孚药行、发展国药业等内容展开;中孚红色记事主要忆述了中孚药行员工及后人从事地下活动的经历;中孚老宅故事则以图片的形式部分还原了上杭路105号、111号老宅的原始样貌;记中孚后人将焦点对准了成长为国之栋梁的陈家子孙。

书中收录4幅珍贵的照片成为一大亮点。一张是1953年5月1日中孚基层工会庆祝五一国际劳动节全体会员合影。它的拍摄地点就在上杭路105号中孚药行门口,因此中孚药行的木质店招、门面样貌以及店

■《中孚药行》一书

员风貌都在其中得以呈现。一张是 1954 年 4 月 1 日中孚药行开业十三周年全体人员留影。从这张包含创始人陈幼鸿与副经理陈豪藩等 33 名职员的合影中,我们可以想见当时中孚药行的规模。还有两张照片则见证了陈家两代人受到毛泽东等中央领导接见的历史时刻,一张是 1956 年底陈幼鸿在北京怀仁堂受到毛主席接见,一张 1957 年 6 月陈幼鸿的儿媳李韵玉在北京受到了毛主席的接见。

可以说,这本集合了大量的图片、一手的"口述"材料的《中孚药行》作为台江区档案局档案"活化"的尝试,充分体现"尊重历史、记录历史、铭记历史"的基本理念,是新时期档案工作者充分挖掘档案文化价值,使尘封的"死档案"成为"活档案"的成功案例,出色地显示了档案的文化传播作用。

(福州市台江区档案局　潘晓丽供稿)

古徽墨榕城变迁记

故宫博物院古徽墨断代、鉴定的研究员林某，近日专程来到福州查阅有关"詹斗山"古徽墨的文献资料。福州市档案馆工作人员听闻查阅人是从北京远道而来，特地开辟了绿色通道，派专人负责全程查阅。然而，当工作人员用关

■ 馆藏福州市工商业联合会档案

键字搜索馆藏数据库时，却并未发现有关"詹斗山"古徽墨的半点蛛丝马迹。"这不应该啊"，林某愕然道，所有人也都陷入了困惑。

据史料记载，清嘉庆初年（1796年），詹斗山在杭州祖业"詹公五墨庄"学习制墨工艺。道光初年（1821年），从杭州贩墨入闽，经江山，越浦城、下建宁，一路销售，最后落足福州，在三坊七巷的南街宫巷口开了一家名叫"詹斗山"的笔墨庄。由于詹斗山所卖的墨坚如石、香如麝、黑如漆，比市场上的墨好很多，所以一上市就供不应求。因此，福

州是"詹斗山"古徽墨声名鹊起的关键节点，也是詹斗山"笔墨之路"的终点站。如果在福州没有找到"詹斗山"古徽墨的相关资料，那么线索就基本上断了，"詹斗山"古徽墨的研究也基本上宣告终结，之前的努力也就通通白费。林某有点不甘心，提出要自己批量翻阅那个时期的纸质目录，试图以大海捞针式的方法查找。其实工作人员更不甘心，虽然他们很清楚新中国成立前的档案是本馆的短板，存量少，收集也不全，此前也未在该时期的档案中发现过有关老字号的文献资料，但是他们并没有放弃。工作人员换了个思路分析：既然新中国成立前的资料欠缺不全，那么何不在新中国成立后的资料里去找。对馆藏资源进行深入分析和排查后，工作人员最终把目光锁定在福州市工商业联合会新中国成立初期的档案上。处室领导调动了窗口所有的工作人员，逐字逐条地翻阅了这个时期的所有档案目录，最终在同业分会的名录下找到了笔墨染纸业这个分会的行业目录，并顺藤摸瓜找到了"詹斗山"古徽墨店。由于都是行业会员号的统计资料，所以目录题名上自然没有体现各会员号的名称，这也是之前数据库检索不到的原因。至此，终于完整地查找到了有关"詹斗山"古徽墨会员号介绍、经营情况、职工工资等各方面的详细资料。看到这些资料，林某如获至宝，感激之情溢于言表。他说："原本我是做好在福州待上几天的准备，真没想到这么快就找到。此前我也去过其他地方找过资料，都是我一个人默默翻阅好几天才会有些许的收获，像你们这样一丝不苟、认真负责，还延迟下班为我们查找的，说实话并不多。你们的敬业精神令人敬佩，也值得我学习，等我们的书籍出版后，将奉送几本给贵馆，以感谢你们的帮助。"

（福州市档案馆　林正忠供稿）

见证蔡廷锴在闽岁月

为纪念蔡廷锴将军125周年诞辰,由中央新闻纪录电影制片厂摄制、福建省档案馆等单位协助拍摄的三集文献纪录片《蔡廷锴》,2017年12月在CCTV-10《探索发现》栏目热播。蔡廷锴是著名抗日爱国将领,曾任国民革命军第十九路军军长,率部参加了"淞沪会战",参与领导了"福建事变",新中国成立后,任全国政协第四届委员会副主席。摄制组沿着蔡廷锴的足迹,辗转上海、广州、南京、福州等地采访拍摄,以纪录片的形式再现了蔡廷锴将军波澜壮阔的人生经历,彰显了他作为一位智勇双全的抗日将军和爱国的民主人士作出的特殊贡献和历史功绩。其中蔡廷锴在福建爱国抗日的激情岁月由福建省档案馆协助拍摄。

1933年,蔡廷锴率领十九路军在福建主政后,坚持抗日立场,联同李济深、

■ 纪录片《蔡廷锴》

陈铭枢、蒋光鼐等人发动了著名的"福建事变",在福州成立了抗日反蒋的"中华共和国人民革命政府"。蔡廷锴的这一壮举对促使第二次国共合作的建立以及推动抗日民族统一战线的形成都有着不可磨灭的积极意义。为了更好地呈现这一段历史,省档案馆积极协助摄制组开展拍摄工作,安排专人为摄制组提供专家级档案服务,从馆藏档案中遴选《生产人民党签名单》《临时代表大会合影》《红色中华》《人民晚报第一号》等相关档案资料供摄制组拍摄。这些档案资料集中反映了蔡廷锴将军在闽期间披荆斩棘的抗日历程,重现了十九路军壮志未酬的革命路程,是蔡廷锴将军在闽岁月的真实见证。其中,《生产人民党签名单》展现了当年 27 名发起人成立生产人民党时满怀激情地在四张信笺上签下了自己的名字,他们希望聚拢更多志同道合的革命者,建立民主政权,实现人民生产的大解放。拍摄过程中,省档案馆保管利用处副研究馆员陈惠芳对这份珍贵的原始档案进行了权威解读。

(福建省档案馆　陈昕供稿)

纪念郑公盾

为纪念郑公盾百年诞辰，中国科普作家协会科学文艺专业委员会和科普编辑与出版专业委员会共同筹建郑公盾科学文艺思想研讨会。福建师范大学作为郑公盾的母校之一，开启了福建省档案馆查阅档案之缘。

郑公盾，原名郑能瑞，福建长乐人，中共党员，早年毕业于私立福建协和大学（福建师范大学主要前身之一）历史系，是卓越的科学文艺理论家、文学艺术评论家和资深的教育出版家，曾任中国科普作家协会科学文艺专委会主任委员、《学习》杂志社办公室主任代社长、《红旗》杂志文艺组组长、科普出版社总编辑、中国科普研究所特约研究员等职务；出版了《水浒传论文集》《鲁迅与自然科学论丛》《萤火集》《茅以升——中国桥梁专家》《科技史话》《缅怀集》《简明中外医史手册》《科普述林》《科学文艺史话》《马君武传》等作品；还参与创办了《现代化》《知识就是力量》《中国科技史料》《科学大观园》等刊物。

根据线索，省档案馆工作人员仔细查找，通过一份份原始档案，郑公盾的形象越发清晰起来。从私立福建协和大学成绩表和毕业生调查表里可以看出郑老当年师从史学大家傅家麟先生，且历史学专业成绩名列前茅。在一份福建省立福州高级工业职业学校拟任人员履历表中，郑老简述了其自1936年至1944年间各关键时期的个人经历。

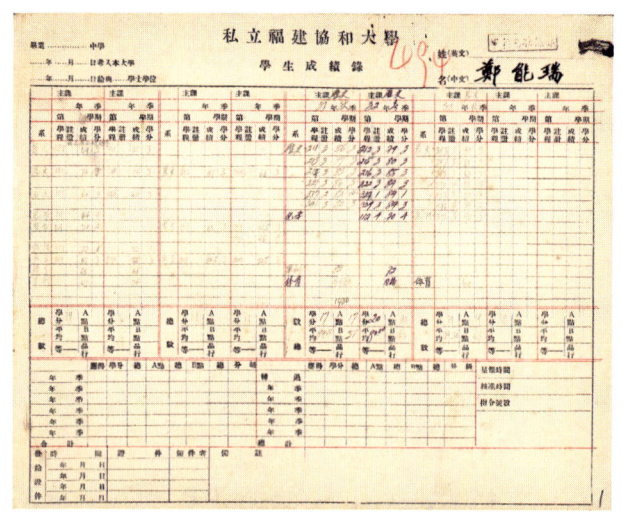

■ 郑公盾在私立福建协和大学就读时的成绩表

这些丰富翔实的档案资料为成功举办郑公盾科学文艺思想研讨会提供了史料赋能，也为铭记、传播郑公盾先生在科普、文化等领域的突出贡献提供了记忆支撑。同时，省档案馆高效便利的查阅服务也得到了福建师范大学老师们的肯定，他们点赞省档案馆数字档案检索方便、利用快捷，满满都是获得感和幸福感。

（福建省档案馆　卓锋锦供稿）

福鼎白茶前辈李得光

2019年12月16日上午,福鼎市点头镇镇政府3名工作人员来到福鼎市档案馆,请求帮助查找福鼎白茶合作社创办者李得光生平事迹及相关材料,为筹办纪念活动做前期准备。

为纪念李得光创立福鼎白茶合作社80周年,福鼎茶产业领导小组、茶业管理局、市点头镇镇政府、茶业协会、茶叶文化研究会,将举办纪念活动。福鼎白茶历史悠久,涌现出了一批包括李得光先生在内的优秀前辈,他们为福鼎的经济民生发挥了重要作用。李得光,又名华卿、观国、耀西、李原,福鼎县点头镇龙田村人,生于1902年,曾就读北平中国大学法律系,历任福鼎县参议会参议长、新中国成立前任省农工党常务干事、农工党福建省委员会委员兼组织部部长等职务。他热诚爱国,积极参加反日救亡活动,为人正直,关心桑梓教育事业,筹办私立北岭中学(今福鼎一中)。1939年,李得光创办"福鼎白茶合作社",与茶商压低茶价作斗争。当时,"福鼎白茶"无法外销,福建省茶管局不予收购,他根据国民党政府合作社法,组织成立"福鼎白茶合作社",并被推选为联社主任。福鼎白茶合作社的创立对促进白茶滞销、减少剥削、救活茶农发挥了巨大的作用。李得光一生为革命先行,关注民生;为家乡发展,尽心尽力的事迹值得发扬光大。但由于各种原因,大家对李得光生平事迹知之甚少。为此，点头镇镇政府曾派人到省档案馆、省农工党部等查找，已找到李得光生平部分材料，当日又专门派人到福鼎市档案馆求助。馆领导热情接待了他们，并组织工作人员着手帮助查找。经过几天的努力，先后从市委办、组织部、民政局以及民国全宗中找到有关李得光材料，并为他们复印文件近百页。这些档案材料，补充完善了李得光生平事略，为纪念活动的顺利举办和宣传李得光先生事迹创造了条件。

12月24日，纪念活动在白茶特色小镇福鼎点头镇成功举办。此次活动是对李得光的深情缅怀，也是对其为福鼎白茶产业做出的贡献致以崇高的敬意，从而使福鼎白茶文化得以进一步的发扬传播。

■ 纪念活动大会现场

（福鼎市档案馆　陈承纯供稿）

江西钢琴家王家琼的芳华

2017年10月,江西师范大学的张同学为了课题研究项目来到福建省档案馆,她想要查阅王家琼的相关档案资料。

王家琼,江西省著名钢琴家、音乐教育家,1906年生于江西省丰城县,1940年考入福建华南女子文理学院,1943年取得本科文凭顺利毕业,1951后在江西师范大学音乐系任教,与刘天浪、邱亚君、杨朴轩等人一起克服重重困难,白手起家,创立了南昌大学艺术科音乐组(后发展为江西师范大学音乐学院),为江西省培养了不少音乐人才。

福建省档案馆工作人员在馆藏档案中找到了王家琼就读于华南女子文理学院时的学籍记录、课程设置表、成绩记录卡、毕业证书等等档案资料,满足了张同学的要求,为她的课题

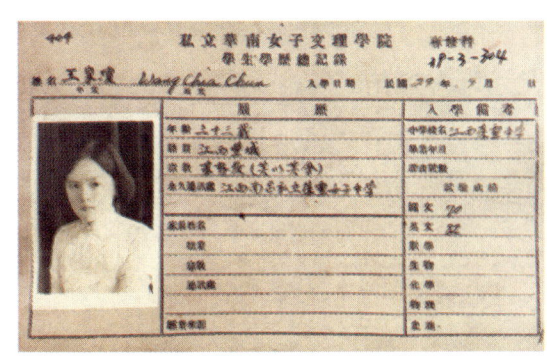

■ 王家琼就读于福建华南女子文理学院的学生登记表

研究提供了第一手的真实资料,也填补了江西师范大学名人档案的空白。

(福建省档案馆 陈昕供稿)

弥足珍贵的校史档案

　　2020年，福建省委党校新校区筹设校史馆，建校前30余年文献极为匮乏，在福建省档案馆同志的热心帮助下，从近千份原始档案中，精选数十份，作为校史馆布展的重要材料，其中既有省委党校建校的原始记录、最早的建党计划，亦有省委党校早期的培训计划、老校区土地契约等等。可谓弥足珍贵。

　　丰富党校校史展。福建省委党校创校于1950年7月，1969年10月至1973年11月曾一度中断，68年间，为福建省培养大批干部，发挥思想引领、理论建设、决策咨询等重要作用。由于诸多原因，目前福建省委党校校内所存多为20世纪80年代中期之后的档案，之前30余年档案所存无几，对建校时间、建党时间等重要事件记载不详。根据福

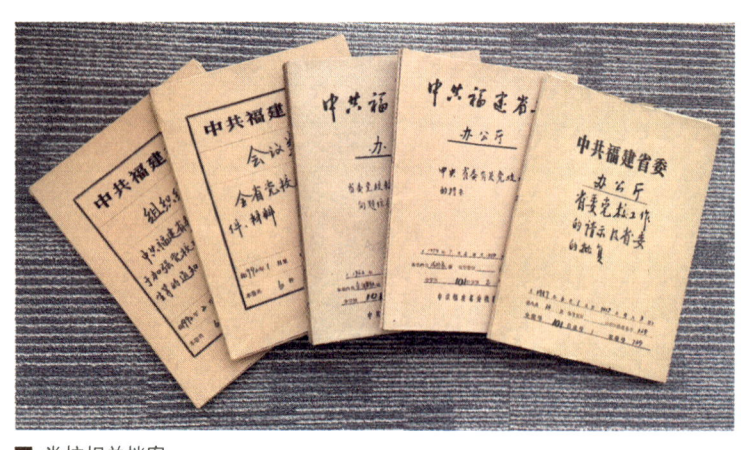

■ 党校相关档案

建省档案馆馆藏档案,不仅可以清晰界定党校校史上重要的时间节点,而且极大地丰富党校校史馆展览,使参观者对党校前30余年历史有较为深入的认识,了解党校筚路蓝缕的办校历程,了解福建省干部培训工作的艰辛与不易。苟无此批档案,校史馆布展或将出现简略介绍前30余年校史、重点介绍后30余年校史,如此失调,或许会令人尴尬。

钩沉党校人的记忆。所谓党校人主要包括党校的教职工、党校学员、党校子弟。他们或为党的教育事业无私奉献,或在党的培养下茁壮成长,或在党校校园内度过美好的青春时光。各种因缘,使他们对党校有着深厚的感情,熟悉老党校的一草一木,一事一物。甚至可谓魂牵梦萦。时过境迁,随着校区搬迁,不少老党校人留恋老校区,不免心感惆怅。但他们看到此批档案展品,品读当年的培训计划、工作条例、学员花名册、入学须知、宿舍分配方案、托儿所方案等文献,颇为激动,畅谈往事,隐藏在心灵深处的记忆被唤醒。记忆是塑造认同的重要途径,校史档案不仅记载党校往事,更是寄托党校人深层记忆的重要载体,对提升党校凝聚力、扩大社会影响力颇有裨益。

明晰初心与使命。习近平总书记指出:"历史是最好的教科书,历史是最好的营养剂。学习党史、国史,是坚持和发展中国特色社会主义、把党和国家各项事业继续推向前进的必修课。"党校校史是党史的重要组成部分。不可讳言,在68年的办校历程中,福建省委党校既取得瞩目成就,也走过坎坷弯路。总结成功经验,汲取不足之处,方能推动党的教育事业不断前行。依托原始档案等文献资料,将历史与现实结合,探索党校的办学规律,不仅能更好地提升福建省干部培训水准,更能明晰党校的初心与使命所在,深刻理解"实事求是"是党校办学的关键所在。

提升学员党性。在2021年党史学习教育动员大会上,习近平同志强调"学史明理、学史增信、学史崇德、学史力行"。学习党校校史亦应如此，故福建省委党校将参观校史馆作为学员入校必修课，通常安排在第一节。通过参观相关原始档案展品，使广大党员了解党校办校的艰辛，体会党一向对干部培训工作的重视，从而坚定理想信念，珍惜宝贵的学习机会、养成良好的学习风气、增强理论功底。

  我作为这批档案的主要收集者，在收集过程中，得到省档案馆工作人员的热心帮助，最终完成收集工作，并整理《福建省档案馆馆藏中共福建省委党校档案史料汇编》（打印稿），呈交福建省委党校校领导，其中绝大部分档案制作成展件，成为校史馆重要展品。我在党校工作近十年，对党校有着特殊的感情，更清楚此批档案的独特价值，所以竭尽全力搜集齐整，也算是在建党百年对党校尽绵薄之力吧。

（中共福建省委党校　徐文彬供稿）

高校师生的"第二课堂"

福建省档案馆是一个集档案安全保管基地、档案利用服务中心、政府信息查阅中心、电子文件管理中心和爱国主义教育基地等五大功能的国家综合档案馆。馆藏资源丰富，共保存各种门类、载体的档案资料百万余卷件，是研究明清以来福建历史的最重要的资源库，还是高校师生开展教学实践、课题研究的"第二课堂"。

2021年12月，福建商学院老师郭某带领学生到省档案馆开展实地教学实践活动，要查阅十多年来福建省侨乡文化和近年来"互联网+""一'马'当先"等大学生学科竞赛、创新创业大赛的相关政策文件。时间跨度大、涉及面广，从没查过档的郭老师和她的学生们，一时不知从何下手。查阅中心的工作人员张勤英了解情况后，立即为他们开通绿色

■ 福建商学院师生在查阅档案

通道，根据她们的需求，手把手地教她们查阅，经过3个多小时的手工翻查和电子检索，共计查阅2008年至2021年间福建省教育厅、福建省发展和改革委、福建省科学技术厅、福建省侨务办公室、福建省工业及信息化厅、福建省广播电视局、福建省人力资源和社会保障厅、共青团福建省委等单位400余份政府公开文件，并将其中10余份复印加盖公章后提供到师生们。

实地教学实践活动一直到下午6时结束。同学们纷纷表示收获颇丰，通过现场操作、实地实践、专题研讨和线上查询等模块的学习，一方面增长了见识，从档案文献中体验到历史的厚重感，从对档案的一无所知，到熟练掌握查阅方法，抽丝剥茧，从海量信息中，提炼自己所需的材料；另一方面通过政策文件解读，对各项大赛有了更进一步的认知，明确项目撰写的方向、规则，更好着手大赛的各项准备工作；现场学习了如何利用档案编写村志和撰写学术论文等，加深对历史档案在学术研究中重要性了解，对福建省侨乡文化产生了更浓厚的兴趣，档案馆提供的历史资料为撰写课题报告提供重要的参考依据。查阅中心工作人员娴熟的业务技能和热情的服务态度，让师生们真真切切地感受到了"便民服务暖人心，群众满意显初心"。活动结束时郭老师紧紧握住工作人员的手说："省档案馆为我们工作开展提供极大便利，为我们师生利用政府公开信息提质增效，太感谢你们了！"

（福建省档案馆　林燕玲供稿）

档案帮助清华博士研究课题

近年来，不少高校教师和学生挖掘档案资源，开展学术研究，从历史中汲取素材，把档案馆作为第二课堂，寻找中国历史文化规律，为当代社会、经济、文化发展服务。特别是每年的暑假，都是档案馆学术查档利用的高峰期。针对此类情况，宁德市档案馆查档中心全力提供查档服务，坚持营造良好的查档氛围，积极为高校师生提供档案史料。

清华大学社会学系吴博士研究的是20世纪50至70年代宁德地区连家船民生活的变迁。连家船是连家船民生产和生活的空间，生产劳动在甲板进行，船舱则是卧室和仓库，连家船民过着上无片瓦，下无寸土的生活。20世纪90年代，宁德启动"造福工程"，拉开了连家船民大规模搬迁上岸的序幕，如今宁德1.9万连家船民全部上岸，安居乐业。吴博士之所以选择福建宁德地区作为研究地点，是因为

■ 吴博士的查档体会

宁德是她的家乡,她想用心写好家乡故事,让中国和世界知道这片美丽土地是如何脱贫攻坚走向富裕。

因其所需材料年代久远、范围广泛,吴博士多次来到宁德市档案馆查阅。档案馆工作人员帮助她在原福安专署、原福安专区渔区办、海防部等全宗中查找和整理了280多份1950年至1970年间连家船民生产、生活的档案资料,弥补早期连家船民史料的不足,为博士论文顺利写作完成提供了有力资料。吴博士感动地说:"作为宁德这片土地上的档案保管者,宁德市档案馆的工作人员用心守护着这里的过往篇章与岁月传奇。没有你们的帮助,我无法实现自己的梦想与抱负。我为我的家乡有这么一群优秀的档案工作者感到骄傲!"

(宁德市档案馆　毛丹峰、黄海滨供稿)

为闽江师专 115 周年华诞锦上添花

闽江师范高等专科学校历史悠久,人才辈出,由福州教育学校和福州师范学校等五个单位整合而成。学校前身是创办于 1903 年的全闽师范学堂,陈宝琛为首任监督,培育出冰心、庐隐、邓拓、陈元晖等著名作家、学者、教育家。2017 年正值闽江师专建校 115 周年华诞,学校派出专人来到福建省档案馆查阅相关档案。

福建省档案馆查阅大厅的几位工作人员秉承"马上就办,办就办好"的服务精神,针对专题耐心细致地查找检索,提供了一批全闽师范学堂、福建省立林森师范学校、福建省福州师范学校等有关闽江师专组织沿革的档案,还提供了一批冰心、邓拓、陈元晖等闽江师专知名校友的珍贵档案,及时高效、优质圆满地为闽江师专的查档提供了全方位的服务。

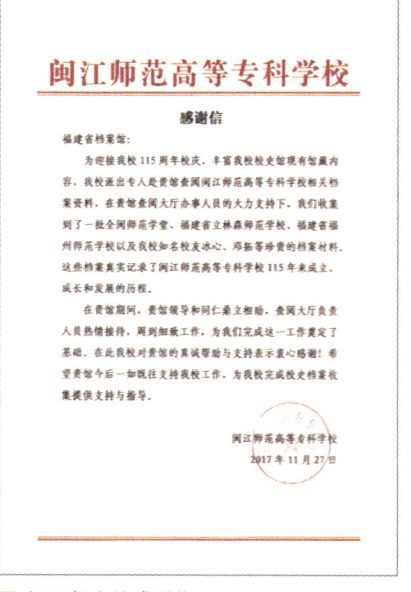

■ 闽江师专的感谢信

这些档案资料真实记载了闽江师专一百多年来成立、成长和发展的历程,再现了师专校友的成就和风采,丰富了校史馆的馆藏,为115周年华诞锦上添花。为此,闽江师专的老师专程送来了感谢信,对福建省档案馆的大力支持表达了感激之情。

(福建省档案馆　陈昕供稿)

"文明三明"从何来

作为群众性精神文明建设发源地，40多年来，三明高度重视和坚持精神文明建设，成为群众性精神文明创建活动的典范和旗帜。

为了配合市委、市政府"文明三明"品牌创建工作，将三明精神文明创建

■ 三明市精神文明建设展览顺利开展

活动的经验总结好、成果宣传好，2017年以来，三明市档案馆依托馆藏档案和资料，逐卷逐页地梳理涉及文明创建活动的4000多件档案、500余份报纸、100多本资料，梳理出三明群众性精神文明创建萌芽、发展、深化的全过程，建立了文明创建档案专题数据库。

助力全国爱国主义教育示范基地建设

三明市精神文明展览馆创建于1986年，是全国设立最早的精神文

明建设专题馆。为适应新时代新发展的需要，2020年，三明投资1200万元对展览馆进行提升改造。在文明新馆改造提升期间，三明市档案馆精神文明建设档案专题数据库发挥了大作用，不仅高效便捷地提供了大量的素材和展品，还对展陈大纲的撰写提供了参考。三明市精神文明建设展览馆被中央宣传部命名为全国爱国主义教育示范基地后，中共三明市委文明办向市档案馆送来感谢信。

助推"文明三明"城市品牌走深走实

2019年以来，市档案馆围绕三明市委、市政府做好"红色三明""工业三明""绿色三明""文明三明"四篇文章的工作部署，选准切入点，深挖馆藏，精编细研，撰写了《市政府的围墙去哪儿了？》《起飞公园的三只"白天鹅"的故事》《543级台阶》等一系列因开展精神文明建设而产生、闻名的地标建筑建设背景资料，为三明市情介绍提供了第一手素材，为开展城市品牌宣传贡献了档案智慧。2020年8月至9月，百家媒体聚焦三明报道"三明实践"期间，市档案馆所撰的背景介绍备受好评。

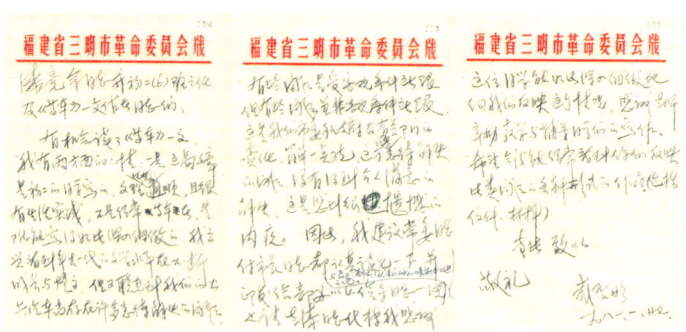

■ 1981年时任地辖三明市委书记袁启彤就乘车难问题给一中师生回信

营造全国文明城市创建的浓郁氛围

2020年9月，三明市档案馆举办《怀揣"群众满意"的初心，扬起驶向文明的风帆》线上展，通过档案、图片、数据完整再现20世纪

70年代末期、80年代初期,三明开展精神文明创建前的风貌,分模块展示困扰群众生活的"行路难""乘车难""就医难"等"民生八大难"的表现、解决过程和现状。显著的今昔对比,唤醒了群众的记忆,引导群众了解三明精神文明创建的缘由,激发出强烈的获得感和幸福感。

(三明市档案馆　陈琳供稿)

再现永春小水电辉煌

2021年是建党100周年,作为泉州市第一盏灯亮起的地方,永春有电的历史达到100年,国网永春县供电公司围绕"奋斗百年路,启航新征程"主题,深挖永春县小水电办电历程,展示永春电力的发展历史,更为那段珍贵的小水电发电办电事迹著书成文。

接到写作任务,国网永春供电公司党委宣传部小刘便欣然应允。永春县是新中国成立后发展小水电的先行者,素有"小水电发祥地""全国小水电红旗县"等美誉,党和国家领导人曾多次亲临永春现场调研水电站发展建设,其中永春县"东方红"水电站的建设,更是展示了在中国共产党领导下,发动群众自主办电的光辉一幕。

从文章构思立题开始,小刘就提前和公司档案管理员联系,希望翻阅

■ 1974年5月,永春电厂设计的35kV 五溪线施工完成。图为工人们在五溪线首基24米高的电杆立杆完成后合影

历史档案资料，能够更详尽地了解永春县小水电发展历程，不管是实物档案，还是文献资料或者声像档案，只要是有历史价值的，都想要让它们再现辉煌。

以前公司档案查阅，需要经过层层审批，现在档案规范化、数字化管理，而且小刘查阅的档案都是属于非涉密档案，公司档案管理员审核通过后，就可以在档案系统里自行检索查看。在档案员的指导下，小刘借助档案管理软件输入"小水电"相关字眼，一下子快速检索到了1482条档案资料。

要查阅跨度上百年的1000多份档案，是有一定难度的。在档案管理员的帮助下，小刘重点查阅了《永春电力志》《永春县小水电志》等历史资料。这些资料将福建永春县于1906年揭开泉州有电历史的百年历程重现，也记录着从改革开放以来，永春全县236个行政村中122个村有水电站，平均一个村年水电收入20万元，1985年全县农村小

■ 永春县东关镇"东方红"水电站建设现场

水电的发电量为9530万千瓦时，每人平均212千瓦时，全县用电户达87066户，占总户数的95%，超过水电部用电户须占总户数90%的规定，成为全国第七个实现初级农村电气化的县……一系列的档案数据，让我们看到永春县小水电的辉煌。

而后档案管理员又着手帮助小刘查阅许多珍贵的小水电影像资料。值得一提的是，档案库里依然完好保存着1966年6月《人民日报》，以"永春县农村普遍建起水电站"为题，专题报道泉州小水电站发展；

1969年《人民日报》，头版刊载了"自力更生办电，福建省永春县大办山区小型电站的调查"等文章。由此得知，泉州永春的小水电建设不仅逐渐影响到全国，更在1969年9月，由水利部制作的永春农村小水电建设模型在国务院展出，周恩来观看展出后称赞："永春是全国小水电的一面红旗"，为永春县小水电发展添上浓墨重彩的一笔。

有图像、有文字，还不够。档案管理员带小刘参观了300多平方米的实物档案库，这里面一件件饱含历史沧桑的老物件，一下子让人联想到当年老一辈勤劳质朴的电力人，所拥有的聪明才智，还有对电力光明的期许。这些实物档案让小刘震撼不已。他在档案管理人员的同意下，拍下照片作为文章的配图，让文章更具真实性、史料性。

纸笔有限，难以述全，追溯永春小水电的百年发展历程，档案管理功不可没，不仅承载着历史发展重托，更是真实保留着这一段段可歌可泣的故事。可以说，国网永春县供电公司的档案见证了永春县电力的百年艰苦创业史、辉煌业绩史，一份份历史资料也说明了永春县小水电发展的奇迹不是凭空产生，而是与党和国家的领导密不可分。

今后，国网永春供电公司档案室将通过加强对永春小水电档案管理，将这些可贵的资料及其背后的精神一代代传承下去，并希望《福建永春县：小水电繁荣背后》一文，能够承前启后，激励每一个电力人勇于拼搏、再创辉煌，推动国网永春县供电公司加快步伐，朝着建设现代化电网奋进，为振兴永春县作出重要贡献。

（国家电网泉州供电公司档案室　刘文宏、郭玲敏供稿）

照片讲述氤氲乡情

"感谢三明档案,让我看到了20年前的自己。我自己都不知道有这样一张照片。那是我上班第一天,第一个任务就是和同事们一起当志愿者。年轻的面庞,灿烂的笑容,一晃二十年。感谢档案工作者,保留下我最美好的样子。"这是国家电网三明电业局的一位工作人员在"三明档案"微信公众号下的留言。类似的留言,不胜枚举。

三明市档案馆现有馆藏照片22612幅,其中拍摄于2000年以前的照片约占85%。2016年,三明市档案局(馆)开通了"三明档案"微信公众号,以馆藏老照片为切入点,深入挖掘照片背后的故事,透过百姓视角反映生活变迁,让人民群众通过老照片和照片背后的故事,

■ "重工业基地建设档案图片展"在福建三钢集团展出

更加深刻地感受到改革开放和文明建设带来的幸福感和获得感。

接地气的视角，鲜活的故事，温暖的文字，使得"三明档案"受到市民的广泛欢迎和高频的互动。五年来，推文平均阅读量超过5000人次/篇，总留言近2000条。

2016年，三明大桥拓宽项目施工伊始，"三明档案"精准捕捉这一社会热点，推送了文章《三明城市记忆——桥》，通过18组老照片，展示了百年来横跨在沙溪河上的桥梁风采，讲述了桥梁建设背后的故事。"十里青山抱绿城，一江碧水分东西"，沙溪河自西南向东北蜿蜒十几公里贯穿整个三明市区，对三明人民的生产生活都有着很大的影响。因此，三明市民对联结两岸的桥梁有着特殊的情愫。文章推送后受到了市民广泛的欢迎，单篇阅读量就达到2.6万人次。

2017年，三明重工业基地建设60周年之际，"三明档案"甄选100多幅老照片，通过照片展示、讲述等形式再现了三明开基创业的艰难历程。有读者看到老照片以后动情地留言道："党和政府没有忘记我这把'老骨头啊'！"时任三明市政府副市长张文珍同志观展后批示道："（展览）吸引市民眼球，深受好评，展示效果很好！这是你们善于创新，真正发挥了档案'存史育人资政'的作用。"

2018年12月，"三明档案"为纪念改革开放40年，以一年一事例的体例，选用了100多幅老照片，通过有声照片集的形式推送了文章《我的前半生——一个老三明人眼中的改革开放40年》。图文得到广泛的传播和各界好评。《三明快讯》刊登信息《"三明档案"微信公众号运营成效显著》。

"一步踏进时光，视界从此不同"，老照片就像是一把开启时光之门的金钥匙，它承载着几代人孜孜不倦的求索，展示的是一个城市从无到有的沧桑巨变，引发市民的深情回忆和感情共鸣。

（三明市档案馆　陈琳供稿）

抢救《闽东日报》

2019年11月底，宁德市蕉城区图书馆工作人员致电宁德市档案馆查阅中心，咨询是否有历年来的《闽东日报》合订本。原来福建省图书馆文献缩微部计划开展缩微抢救《闽东日报》工作，在补全所有《闽东日报》原件的基础上，根据胶片进行模转数，实现该文献的资源共享和利用。由于时间跨度大，从1958年至2010年，福建省图书馆内该报纸原件缺失严重。省图书馆工作人员在福州市内查找补充一部分报纸后，再到宁德蕉城区图书馆查找，仍没有补全，于是委托蕉城区图书馆工作人员到市档案馆查找。

市档案馆工作人员在了解事件来龙去脉后，让区图书馆工作人员带介绍信来查阅复制。区图书馆的两位工作人员分别于2019年11

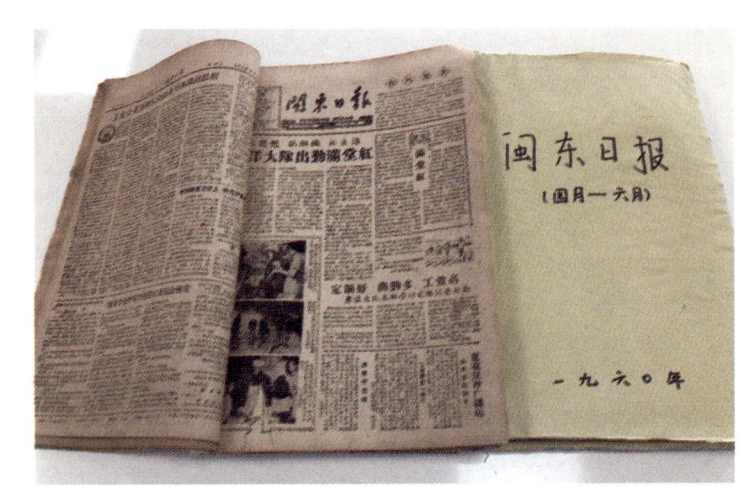

■《闽东日报》合订本

月 28 日和 2020 年 1 月 7 日到市档案馆查阅《闽东日报》合订本。看到保存完好的历年《闽东日报》合订本,两位工作人员立即打电话回复省图书馆报告查询进度。省图书馆工作人员对此表示非常高兴,电话里直呼:"太好了!我们终于找对地方了!再也不用为了此事奔波了!"

(宁德市档案馆　黄海滨供稿)

认定"福建老字号"

2020年7月17日,福建省商务厅组织开展第五批"福建老字号"认定工作。日春股份有限公司工作人员为企业申请认定"福建老字号"到泉州市档案馆查找历史依据予以佐证。

"福建老字号"申报的认定条件严格,须提供企业历史传承、字号、独特产品或技艺等有关有效的佐证材料,确保申报材料描述清晰、证据充分、不存在争议。泉州市档案馆工作人员耐心帮助查找馆藏资料,在《泉州府志》《茶叶大观》《安溪县志》等馆藏资料中找到有关茶叶的史料记

■ 馆藏相关资料

载,为日春茶叶申报"福建老字号"提供了有力证明。让其满意而归,并顺利通过"福建老字号"认定。

至此,泉州市档案馆根据馆藏档案,已为郭记涂门贡糖、好成财牛排馆、好再来固本钱小吃店等8家企业通过"福建省老字号"评审提供了可靠依据,产生了良好的经济和社会效益。内容丰富、地方特色鲜明的馆藏档案资料展示了档案独特的风采和魅力,进一步让社会认知档案,让档案更好地为泉州经济、社会发展服务。

(泉州市档案馆　叶婷供稿)

档案里的悠悠茶香

2018年5月,来自美国、俄罗斯、西班牙、加拿大、爱沙尼亚、英国等16个国家以及台湾地区的41名茶文化代表抵达安溪,他们此行的目的直指安溪笔架山上刚发现不久、已经野化半个多世纪且首次采摘制作的野茶。野化茶,是指经过人工驯化栽培,但后期由于自然或者人为的原因被遗弃,此后长期生存于天然林中,未被人为管理和干预的植物。由于野化茶是在保留生态多样性的环境下零污染生长,它们不被打扰,遵循自然进化,在风霜岁月的磨砺中顽强抗争,令茶叶细胞内蕴含更加丰富的营养和香味物质,再佐以传统工艺制作,保留茶叶本质清香蜜味的茶,保健价值较高,所以受到茶文化爱好者的青睐。

野茶在安溪业界持续升温,不少安溪茶人"求诸于野"。安溪县知名文化学者谢文哲便是其中一员,经咨询周边村民,了解到笔架山上的百余亩野茶于20世纪20年代就已经种植,

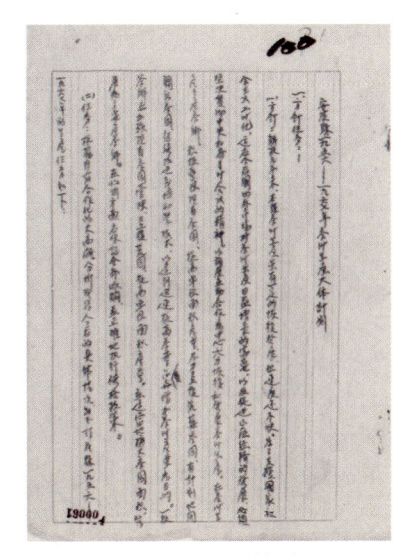
■ 馆藏安溪茶叶发展相关档案

解放战争时期，茶园无人管理，逐渐荒废；直到20世纪50年代才恢复生产，十几年后又再次废弃野化。2018年4月，谢文哲来到县档案馆查阅安溪茶叶相关文献和档案，发现笔架山植茶记录与村民口述基本吻合，佐证了安溪茶叶发展史。安溪县档案馆馆藏27本茶叶相关文献和15931件茶叶相关档案，丰富的档案为编史修志和研究茶叶历史文化传承发挥了重要作用。

（安溪县档案馆　施雪龙供稿）

弥补乡镇志书的缺漏

南平市建阳区回龙乡党委政府重视乡志的编纂工作,聘请专人按照有关要求认真开展乡志编纂工作。在史料收集过程中,乡志编纂负责同志叶某发现,回龙乡乡政府在1956年称回龙区,1958年设立回龙公社,二十世纪六七十年代,回龙公社与漳墩公社合并,后又分出,加之公社搬迁等原因,档案材料分散在不同乡(镇)管理,情况十分复杂,编志人员绞尽脑汁多渠道收集,但到手材料还是不完整,直接影响到编纂工作的进度。眼看着截稿日期一天天临近,编纂人员心里非常着急。

情急之下,叶某想起了曾经合作过的建阳区档案馆馆藏各乡(镇)档案资料较为完整,连忙赶到区档案馆要求查找相关档案资料。从2020年10月到2021年9月,区档案馆保管利用股工作人员多次认真接待、热情服务,通过电脑检索、手工翻阅档案资料目录相结合的方式方法,为乡政府提供了馆藏大量反映回龙乡历史的各方面档案材料共133卷330件,及有关回龙乡文史、国民经济统计、五十年辉煌成就、年鉴等资料共31册。回龙乡乡政府工作人员看到档案馆提供的翔实、原始反映乡政府历史的档案资料时说:"这下回龙乡志编纂材料有了,心里踏实了,干劲也足了!"因为相关档案资料的查阅量巨大,一旦发现线索就要马上翻阅、记录,常常到了下班时间仍难以停下工作,区档

■ 回龙乡政府乡志编纂人员在仔细查看档案资料

案馆工作人员贴心地提供延时查档服务，尽全力配合编志工作。因此，他们一再对区档案馆为推动编纂回龙乡志起到的积极作用表示感谢。

目前，建阳区回龙乡志编纂工作仍在收集完善材料中，档案馆将继续做好跟踪服务，竭力为回龙乡编写乡志、规划蓝图服务。

（南平市建阳区档案馆　傅育华供稿）

耳听图说福州故事

2017年10月,为喜迎十九大,充分展现改革开放近40年来福州地区经济社会发展取得的巨大成就,福州市档案局(馆)联合新华网福建频道推出了"改革·印记"系列报道之——口述福州,分别以"影像中的故事,故事里的变迁""纸褶的记忆,宜居的图景"为主题推出作品。

■ "改革·印记"系列报道之"口述福州"截图

城市的发展总是在悄然之间进行,不知不觉间,熟悉的街景换了模样,熟悉的摊贩也成了记忆,通过一张张珍贵的照片档案,让人恍然间发现,这座城市已然发生了翻天覆地的变化,今非昔比。宣传片中,福州市档案馆的资深工作者和新闻老工作者带着我们一路耳听图说,一起走进档案,走进老一辈人的回忆,走进福州故事。同时伴随着新旧照片的鲜明对比,透过指尖印迹,展示榕城印象,温馨回溯福州的改革历程和时代变迁,直观见证了福州的政治、经济、文化发展的喜人成绩,共同抒发了人民群众安居乐业于"有福之州"的喜悦心情。

(福州市档案馆　吴欣供稿)

再现连江家训文化

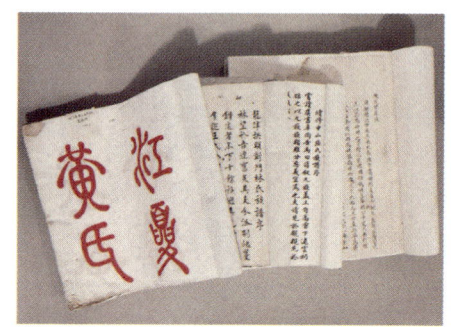

■ 馆藏江夏黄氏家族档案

习近平总书记指出,中华优秀文化是我们最深厚的文化软实力,也是中国特色社会主义植根的文化沃土。中华民族素以重视"家教"著称于世,古语云"齐家治国平天下",足见家风家训的重要性。

为传承和发扬中华民族优秀的传统文化,推动连江县文明家风建设,连江县政协组织编撰《连江家训》一书,指派专人前往连江县档案馆收集有关档案资料。

在县档案馆工作人员的细心检索下,"积善存心、勤业惜俭"的黄氏家族、"忠厚诚实、勤力生计"的林氏家族、"团结奋进、敦和睦善"的陈氏家族、"孝悌忠恕、励志名扬"的张氏家族,一一再现。

县档案馆馆藏191卷民国族谱档案、86册1949年后新谱以及《连江县志》等资料,为《连江家训》一书的编写提供了最真实的史料依据,使该书能较为完整、多面地反映连江古往今来的姓氏家训文化。县档案馆安全可靠的保管条件、方便快捷的利用服务也得到了县政协的肯定。

(连江县档案馆　林安娜供稿)

档案护航 《杨时》央视上映

2020年5月12日,中央电视台科教频道《美丽家园》栏目组来到将乐县档案馆查阅拍摄,收集素材。将乐县档案馆工作人员积极查找,为其找到《宋儒杨文靖公集》《弘农杨氏族谱》等馆藏档案,并提供场地配合拍摄。杨时,宋代著名的儒学大家,北宋仁宗皇祐五年,出生在将乐县。他学传东洛,倡道南闽,"有功于前圣,有功于后学",同时他爱国恤民,不畏权贵,清正廉明。他虽已远去800多年,但影响依然无处不在,无时不在,其身上绽放出的忠诚、干净、担当品格,化作无穷的精神丰碑,为后世垂范。

■ 中央电视台《美丽家园》栏目组在将乐县档案馆拍摄

2021年5月18日,大型历史人文纪录片《杨时》在中央电视台科教频道《美丽家园》栏目播出。今天,尽管杨时的身影早已消失在历史长河中,但他身上的担当精神仍然时时激励着世人,他的学术思想和人格魅力,闪耀出的灿烂光芒,跨越时空,依旧温暖着我们的心灵。

(将乐县档案馆 熊苹供稿)

档案悦动舞台
绽放别样精彩

2019年9月26日,为隆重庆祝新中国成立70周年,大力弘扬爱国主义精神,海沧区区直机关党工委举办"祖国心·海沧情"文化展演。其中,中共海沧区委办公室选送的海沧区档案馆部分人员参演的节目——影子剧《家》令现场观众为之动容。当一件件、一幅幅关于海沧区历史变迁的文件与照片作为剧中演员的背景呈现在观众面前,再配上"1989年5月20日,国务院正式批准厦门特区及厦门市辖杏林、海沧地区为台商投资区,那是我出生的日子。""咦,1999年海沧大桥通车啦!""2003年,海沧行政区成立,那时我上初中。"等一段段充满感情的旁白时,瞬间勾起了现场观众满满的回忆,一阵阵热烈的掌声也随之而起。剧中向观众呈现的文件和照片均出自

■ 影子剧《家》剧照,背景是相关照片档案

海沧区档案馆保存完好的珍贵历史档案。这是区档案馆第一次尝试将"沉睡"的档案搬上"灵动"的舞台，没想到却碰撞出了别样的精彩。在现场声、光、电以及演员影子的烘托下，一幅幅记录历史瞬间的照片，不仅为现场观众呈现出了一幅幅美丽的画面，更是激发出他们感叹沧海巨变，感怀伟大成就，感恩党和国家的别样情感。看到所保管的历史档案在影子剧中如此精彩的绽放，在场的档案馆工作人员也感到非常的欣慰和自豪，同时也更加坚定了"为党管档、为国守史、为民服务"的责任与担当。

（厦门市海沧区档案馆　周小燕供稿）

档案助力互联网经济报道

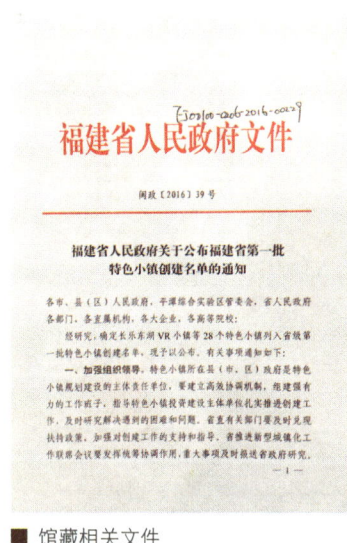

■ 馆藏相关文件

  福建省广电集团《互联网经济报道》栏目由福建省发改委、数字福建领导小组办公室、福建省互联网经济促进会主办，福建经济卫视承办，是目前福建省级媒体平台上最具专业性的互联网经济报道专栏。

  2017年11月，由于节目制作需要，需查询2016年福建省公布的首批特色小镇建设批文，为此《互联网经济报道》栏目负责人多方查询未果，抱着最后一丝希望来到福建省档案馆查阅档案资料。在省档案馆工作人员的专业引导下，她终于找到该份文件。栏目负责人高兴地在留言簿上写道："经此一事，可知档案收集、管理、公开、服务对经济生活的方方面面都有极大的作用，是一块历史的基石。感谢工作人员辛勤且默默无闻的付出。"

（福建省档案馆　陈昕供稿）

美丽的石头厝

平潭中楼乡韩厝村榨油作坊,是一座年代久远,具有明显平潭地方特色和建筑风格的石头厝,村民们对这座古建筑都很有感情,经常跟游客讲起一段档案与石头厝的故事。

2016年京台高速平潭段启动建设,途经平潭中楼乡韩厝村,韩厝村群众舍小家,为大家,村里不少石头房都被征迁,唯独剩下这座年代久远的榨油作坊未被拆迁。

2017年征迁工作接近尾声,乡干部又来到韩厝村实地考察榨油作坊。当地群众听闻消息后,纷纷提出反对意见:韩厝村的榨油作坊是区级传统文物保护单位,依据国家政策要对榨油作坊实行保护。中楼乡政府了

■ 馆藏相关档案

解情况后，十分重视，随即派乡干部着手查找相关材料。他们在乡档案室没有查到文件，2017年12月中楼乡两位干部又来到区档案馆，工作人员热情接待了他们。

由于没有文件颁发的时间，区档案馆工作人员就不厌其烦地翻阅大量的文件目录，终于在县政府全宗找到了〔2013〕41号文，文件中明确规定了韩厝村榨油作坊被列入第三次全国文物普查不可移动文物名录。乡政府干部看了文件后心中有了答案，说："我们要赶快向领导汇报此事，做好榨油作坊的保护工作，留住这份乡村记忆。"就这样，这座美丽的石头厝依据档案的保护完好地保留下来。

（平潭综合实验区档案馆　肖茜供稿）

戴氏家风馆

2017年6月29日,在喜迎"七一"之际,漳州市芗城区纪委主导建设的芗城区首个家风教育馆"鸿湖戴氏家风馆"在中国传统古村落天宝镇洪坑村正式开馆。天宝洪坑,古称鸿湖,其戴氏家训是芗城区极具影响力的家训之一。戴氏一族"寸心无贪行忠效,务行德政为万民"的家族传承,对戴氏家族的兴旺发达影响深远。数百年来,戴氏一族秉承良好家风家训,孝悌勤廉,耕以丰衣食,读以振家风,因此人丁兴旺,清官良吏辈出。

■ 鸿湖戴氏家风馆正门外景

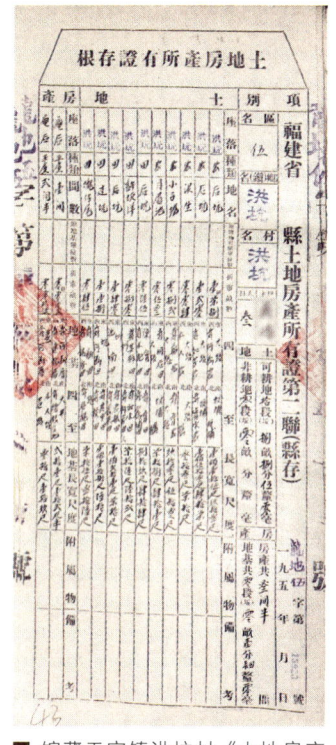

■ 馆藏天宝镇洪坑村《土地房产所有证存根》

家风馆建设初期，拟选馆址包括洪坑村宗祠等民房，由于年代久远，加上村民缺乏保管房屋地契意识，已找不到相关产权证书，因此产生了权属纠纷。2017年2月15日，天宝镇镇政府领导带着工作人员专门到芗城区档案馆查找新中国成立初期洪坑村地契档案。查档室工作人员了解了具体情况后，随即打开计算机系统检索，显示地契档案共有474卷，进一步检索发现涉及洪坑村的有6卷553份，按照天宝镇镇政府提供的名单，对照洪坑村《土地房产所有权证存根》档案，逐份逐个比对可能的产权人。工作人员很快就排除了家风馆址非所有权人，确认了所有权人，出具了档案复制件证明，解决了拟建的家风馆址权属不清难题。

鸿湖戴氏家风馆的顺利落成，为芗城区党员干部廉洁从政教育创造了平台，为广大居民群众"传承好家训，弘扬好家风"提供了学习的园地。

（漳州市芗城区档案馆　供稿）

还原"文史活档案"

2017年3月,一位红光满面、精神矍铄的老人走进了宁德市档案局的查阅中心。他叫龚远,现年70岁,是市供销社的一名退休职工。一坐下,他就滔滔不绝地说起了来意。

他的父亲龚焰,1921年出生,1997年去世。龚老先生一生一直从事文艺工作,对书画笔墨、戏曲艺术、民间文学颇有研究,坊间称为才子,对宁德的人文风物了如指掌,享有"文史活档案"之称,曾先后在福安专区地委文工团、福建省委宣传部文艺处、宁德文化馆等单位工作过。2001年12月出版的《当代宁德诗词选》,龚老先生的27首诗词入选。

为了纪念龚焰老先生,宁德市蕉城区文联编辑《龚焰书画诗词选集》,由福建美术出版社出版。但这本书的出版需要涉及众多的资料:一是龚焰先生手稿、照片,书画作品参赛、获奖通知;

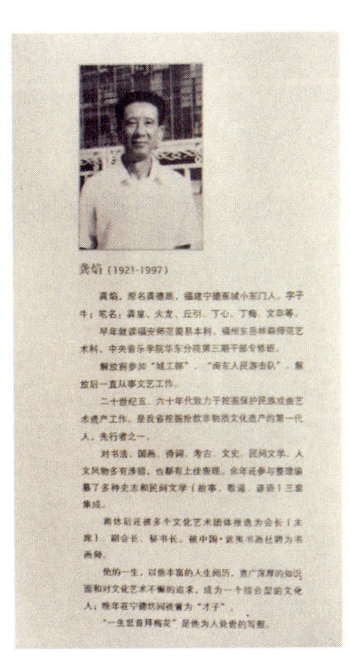

■ 龚焰简介

二是报纸杂志刊载的文章;三是志书内的有关记录等等。此次的查阅范围广,查阅量大。工作人员从馆藏的档案资料中,分批次调阅了1950年代福安文化局的文件资料、1960至1970年代《福建日报》、宁德《蕉城诗词三十五人》等文史资料供其参阅。龚先生从中搜寻到父亲龚焰的诗词作品、戏曲文章、书法墨宝等30多处,充实了书籍的内容。

12月,龚先生再次来到档案馆,原来《龚焰书画诗词选集》已正式出版,他捧着"新鲜出炉"的图书非常郑重地赠送给市档案馆,感激地说:"这本书的顺利出版也有你们的一份功劳,我现在把它捐赠给你们,不仅可以永久地保管,还可以发挥出更大的作用。"

(宁德市档案馆　黄海滨供稿)

重现 40 年改革华章

2018 年是改革开放 40 周年。1978 年 12 月 18 日，十一届三中全会召开，实现将工作重点转移到以经济建设为中心的历史性转折，拉开了一场划时代变革的伟大序幕。福建这片面向大江大海的土地，由此从海防前线走到了开放前沿。党中央国务院赋予福建"特殊政策、灵活措施"以及后来一系列对外开放和综合试验的重大决策，推动了福建的腾飞：厦门经济特区在一片荒地中崛起，并迅速发展成为中国对外的重要窗口和试验田；两岸"三通"从福建破局，闽台交往全方位深入；55 位福建国企厂长呼吁"松绑放权"成为影响中国国企改革的标志性事件；从"晋江模式"上升为"晋江经验"；2000 年"数字福建"在

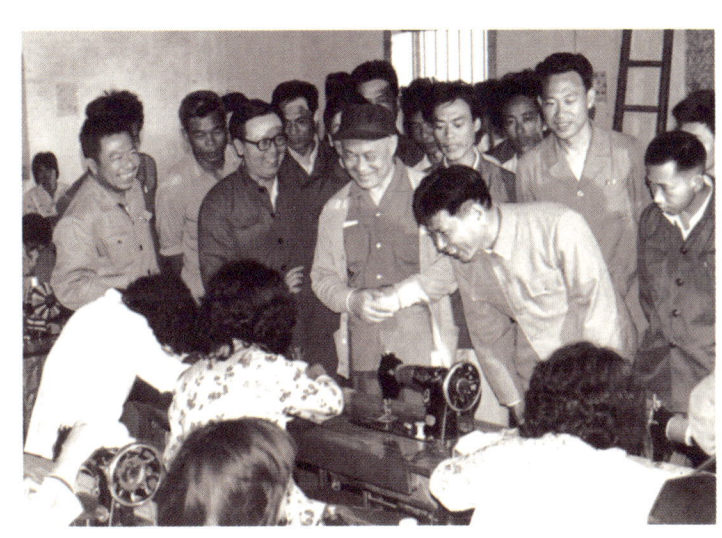
■ 项南考察晋江企业

■ 1984年3月,福建省厂长(经理)研究成立大会在福州召开,会上诞生了推动国有企业改革的"松绑"放权呼吁信。图为与会人员合影

全国首开数字省域建设的先河,2018年首届数字中国建设峰会在福州举办……

为全面再现改革开放40年来福建的发展历程和辉煌成就,福建省档案馆联合中共福建省委福建海峡通讯社在《海峡通讯》主办"图说改革开放40周年·福建故事"专栏。保管利用处的工作人员深挖馆藏档案资源,并帮助协调联系相关厅局、地市档案馆、图书等部门,查找栏目所需的档案图片和背景资料。原始的档案文献为专栏提供了重要的史料支撑,珍贵的老照片直观地将人们的记忆拉回到这40年中的精彩瞬间。凡是过去,皆为序章。回顾40年华章,就是"要以庆祝改革开放40周年为契机,逢山开路,遇水架桥,将改革进行到底"。

(福建省档案馆　陈惠芳供稿)

福建巾帼之魂

2016年,福建省妇联为了筹建巾帼馆,多次来到福建省档案馆查找资料。建设福建巾帼馆,目的是不忘初心,继续前进,走好福建妇女新的长征路,这是妇联组织传承和弘扬福建革命文化、红色文化的重要方式,也是省妇联的责任担当和一代代福建妇联人的共同心愿。

■ 中国最早留洋的女博士——福州人许金訇

为了更好地完成这一重要任务,福建省档案馆指派专人,提供专家级服务。省档案馆工作人员详细查找提供了不少的相关老照片和档案资料,包括全闽师范学校女学生就学情况、福州女子学校、母亲联合会、民国福州妇女玉照、闽南运动会、女子排球赛、倡导新式婚礼等等,涵盖了福建妇女百年来在政治经济、文化教育、体育生活等各个领域的作为与贡献、发展与进步。省档案馆工作人员还对展览展纲提出审改意见,为省妇联提供办展指导。省妇联同志收获颇丰,他们在留言簿上写道:

"档案馆工作人员认真负责、热情周到的服务精神,值得我们学习。"

据了解,2016年12月29日,福建巾帼馆顺利开馆,以"追求平等,筑梦未来"为主题,分"觉醒抗争求解放、建设时期半边天、改革开放立功勋、圆梦路上谱新篇"四大篇章,充分褒扬了"自强不息、团结协作、锐意创新、永争一流"的福建女性精神。福建巾帼馆成为福建红色文化宣传教育阵地、妇女教育培训基地和海峡妇女互动交流平台。

(福建省档案馆 陈昕供稿)

闽北记忆的见证

上海市军天湖监狱的前身是上海市地方国营闽北农场，始建于1958年，地处福建省泰宁、将乐、邵武和浦城县境内，建有一个总场和七个分场，其中东风分场（原名上海市地方国营邵武东风钢铁厂），于1960年7月建在邵武县红东镇，后根据中央军委命令，于1962年6月18日迁场至安徽省境内。

为教育后代，弘扬爱国主义精神，2016年，上海军天湖监狱拟建场史陈列馆，但闽北农场相关史料缺乏，为此，他们组成专门的调研组先后前往泰宁、顺昌、将乐等地查阅资料，但收获甚少。

邵武市档案馆接到市政府关于上海市军天湖监狱到邵武调研史料的通知后，局领导高度重视，指派保管利用股专人负责，并多次询问查询进展。根据调研组提供的线索，利用各种查阅手段，工作人员多次进出库房，调阅了1958年至1962年所有可能涉及闽北农场的档案资

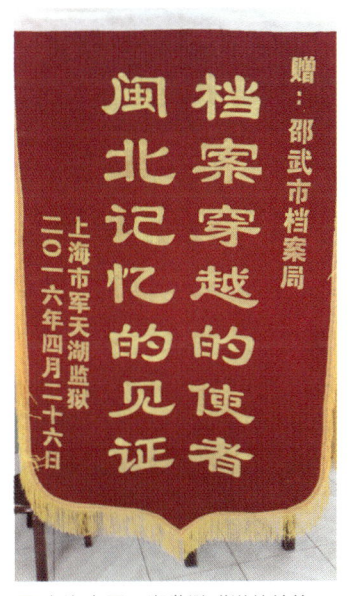

■ 上海市军天湖监狱赠送的锦旗

料，经过近两个星期的逐卷逐件反复查阅，找出并复制了数十件总计约百余页的闽北农场的档案提供给调研组。

为答谢邵武市档案馆的热情服务，上海市军天湖监狱赠邵武市档案馆锦旗一面，上写："档案穿越的使者、闽北记忆的见证。"高度认可邵武市档案馆利用工作。

（邵武市档案馆　林燕供稿）

不可遗忘的福州救火会

2011年,为寻找博士论文材料,我来到福建省档案馆、福州市档案馆,找到颇多民国时期福州救火会原始案卷,其内容涉及救火会与政府往来文书、救火会纪念册、救火会会员名单等等,结合我之前找到的近代报刊、征信录等史料,能够撑起博士论文,遂与导师商议,确定以此为题,顺利完成博士论文。毕业之后,我又数度来到省、市档案馆,进一步收集史料,使论文更为充实。2017年,《近代民间组织与灾害应对——以福州救火会为论述中心》顺利入选"海西求是文库",受到多位评审专家的好评,在社科文献出版社正式出版。

回忆查档过程中,由于时间有限,为能尽快查阅更多的相关史料,几乎每天都和档案馆同志上下班,以致被保安误认为是内部人员。前后调阅各类卷宗百余份,复印近千页,甚至因复印过多,导致机子卡顿,而前台同志总是不厌其烦为我调阅、复印档案,使我深为感动。每次查阅到救火会档案,我总是有欣喜的感觉,不仅深刻感受救火会会员维持会务的不易,更由衷敬佩他们勇赴火场、救恤乡邻的公益精神。而大量相关档案的审阅,使我对民国福州的实态有了更为清晰的了解,各种地方力量的博弈、政府经费之困窘、散兵痞棍的横行、通货膨胀之严重均在泛黄的文书中历历呈现。乱世如斯,人民政权之建立,为历史之必然。

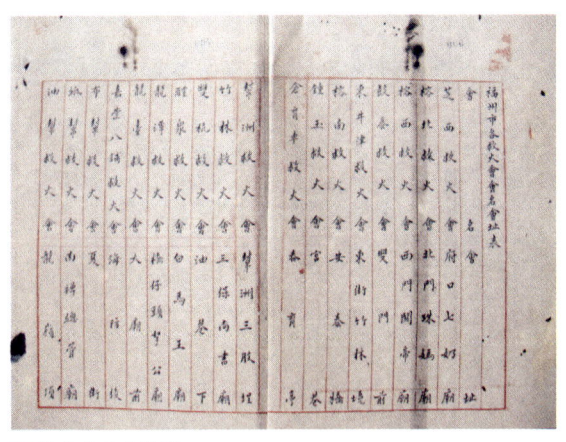

■ 馆藏救火会档案

福州救火会档案价值可与苏州市民公社档案相媲美。20世纪80年代，当市民公社档案被发现后，《历史研究》《光明日报》先后报道。2011年，苏州市民公社档案成功入选第三批"中国档案文献遗产名录"，成为国家级的珍贵档案。较之苏州市民公社，福州救火会与其有较多相似性，均在清末创立、建立覆盖全市的网点，其业务领域覆盖消防、赈灾、市政等诸多领域，两者均为城市中的社区自治组织，且福州救火会存续时间更长、群众基础更为扎实，影响更为深远，是福州不能遗忘的历史。

救火会是福州民众为适应自然生活环境和社会经济环境而形成的社会组织，它植根于福州传统文化，折射近代福州城市变迁，贯穿诸多重大历史事件，从辛亥革命、抵制暴政、至抗击日寇、福州解放均可看到其身影，国共两党均借助其开展工作，可谓是维持近代福州社会秩序稳定的中流砥柱。故老福州对其印象深刻，赞誉有加。随着现代化都市的营建，"纸褙福州城"已成昔日往事，但福州救火会体现的守望相助、共赴灾难的公益精神在今日仍有重要价值，且在十九大报告和党章均强调"共建共治共享的社会治理格局"，标志社会治理成为全党工作的一个重心，福州救火会能够为建立党领导下的多元社会治理体制提供历史借鉴。故重视福州救火会档案，彰显其独特价值，符合档案馆"存史、资政"的功能定位。

（中共福建省委党校 徐文彬供稿）

档案馆里有宝藏

2015年4月,邓先生来到三明市档案馆,希望能查阅陈景润的学籍档案。原来,他曾看到《三明日报》刊登了一篇题为《陈景润学籍档案背后的故事》的文章,萌生了想写写陈景润精神在他成长过程中对他一家三代的影响。当年陈景润在三明县立初级中学上学时,他的外祖父就曾在那所学校担任过校长,因而邓先生想写关于他外祖父等一些教育界人士是如何创办三元县立初级中学的文章。

知道他的来意后,档案馆工作人员为他提供了很多相关的档案资料,除了陈景润在三明县立初级中学时的有关档案,还有他外祖父等教师登记表、学校校名校址变迁等情况。不久,他写了一篇题为《陈景润在三明》的文章,很快便刊登在《三明侨报》上。尝到"甜头"

■《三明侨报》相关报道

的邓先生一发不可收拾，2016年起，每隔一段时间，他都要来档案馆，有时一查就是好几天，然后一篇接一篇地写，先后写了《我的三明我的家》系列文章，往日报、侨报投稿，多篇稿件被《三明侨报》采用。他说："你们档案馆里有许多宝贝，可以为我提供写作素材。此生能与档案结缘，是我的幸事！现在档案馆在我眼里越来越亲切了，因为，在档案馆里可穿越历史，从故纸堆中能造就明天。"

2017年，三明市委宣传部主管、三明新周报社主办的《时代三明》第66期的文化版块，用四个版面刊登邓先生的"陈景润在三明"系列文章；三明市文联编辑出版的《三明故事》中也收录了邓先生的《陈景润学籍档案引发的调查报告》一文。这些都让他喜出望外。他说："利用档案可以讲好三明故事，展示真实、立体的三明历史上的知名人物，提高三明的文化软实力。档案馆里有宝藏！"

是呀，档案馆里有宝藏，相信会有更多的有心人来"挖宝"！

（三明市档案馆　魏素凤供稿）

"今之子产"

——找寻王伯秋史料有感

2021年是辛亥革命110周年,11月初孙中山先生曾外孙王志雄教授夫妇前来福州,专程到福建省档案馆查询其祖父王伯秋任福建第一区行政督察专员兼长乐县县长时的资料,在省档案馆工作人员热情帮助下,很快从电脑馆藏文献系统中检索到有关王伯秋的两则史料,一则是王伯秋"公务员动态(任免迁调奖惩)登记册",另一则是"民国福建省政府关于褒扬长乐县长王伯秋的指令"。

已过古稀之年的王志雄教授,拿到打印出来的材料如同小孩般的兴奋,当场认真细看材料内容,并连声道谢。

王伯秋(1883—1939),字纯焘,湖南湘乡人,父亲王谨臣曾任台湾基隆镇总兵、淮北水军统领,诰封"建威将军"。王伯秋15岁时依"父母之命"同李澄湘结婚,婚后就读杭州武备学堂,后留学日本早稻田大学,又留学美国哈佛大学,参加孙中山领导的"同盟会",深受孙中山的赏识和器重。1914年,孙中山托王伯秋照看在美国加州州立大学文学系读书的二女儿孙婉,不久孙婉嫁给王伯秋为妻(后离异),生有一男一女。王伯秋回国后任国立东南大学政治经济科主任,曾同胡适、李大钊等16人签名发表《我们的政治主张》,倡导"好人政府"。1927年,邵元冲任杭州市市长,他被聘为市政府参事,从此涉足政治,推行"好人政府"。1931年林森为立法院院长，增补王伯秋为立法委员。

1934年任第一区行政督察专员兼长乐县长，王伯秋在长乐县仍然积极推行他的"好人政府"，广行善政。如整顿长乐城区市容，自县政府以西至码头，临街房屋拆旧翻新，统一门面，一律改建成砖墙的两层楼房；其次是整修中山路，长660米，宽6.5米，并在道路两旁种植龙眼、王坛子树等，绿荫满街。又在中山路中段建"中山堂"，纪念孙中山先生。此外他还建造塔山公园和江滨公园，建造塔山运动场，设置民众教育馆，开辟城关至营前长达8.8公里的县内第一条公路和城关至金峰、城关至江田的公路

■ 王志雄教授夫妇在"今之子产"碑前

等等，为长乐县的建设、文化、教育、交通做出贡献。

王志雄的父亲王弘之正是王伯秋与孙婉所生的儿子。王志雄教授曾回忆说他小时候并不知道他们家与孙中山先生有血缘关系，是他的后人。到了1969年父亲才告诉他往事。从此他开始关注孙中山及王伯秋事迹，退休后准备自费出版一本王伯秋年谱，多年来已走访多家档案馆、图书馆查找有关王伯秋史料，福州是他最重要的一站。

他还说前几天在长乐寻访与王伯秋有关史迹建筑时，曾在十洋王氏宗祠前找到一块石碑，上书四个大字"今之子产"，并有一行小字"王

公伯秋移节省垣,留别纪念,民国念七年春,十洋王氏宗祠谨勒",当时并不明白其具体含意,现在从档案馆查到"公务员动态(任免迁调奖惩)登记册"中记载的"记功一次""记大功一次"等奖励事项,以及"褒扬指令"中对王伯秋治理长乐的卓著成绩的记载,认识到正是王伯秋在长乐积极推行"好人政府",广行善政,当地百姓感其恩德,将王伯秋比喻为当今的"子产"(子产是春秋时期著名的政治家,思想家,重视教育,流传有典故"子产不毁乡校")。1939年王伯秋病逝后,长乐民众还在南山张氏宗祠之西,为纪念王伯秋治理长乐的功绩而建"王伯秋纪念楼",李世甲为其题字云"官辙去思,名留左海"。

档案馆真是传承人类文化和记忆的宝库,不仅拉近了我们与先人之间的情感距离,还能为人们答疑解惑,王志雄教授在离开时感慨道"不虚此行"!

(福建求实律师事务所　陈熙供稿)

服务民生

真情服务赢得广泛赞誉

2017年12月下旬,福州市机械冶金行业国有企业服务中心主任范秋安代表福州市经济信息委员会和福州市机械冶金行业国有企业服务中心专程来到福建省档案馆,代表下岗职工向省档案馆保管利用处送来锦旗和表扬信,称赞省档案馆保管利用处同志"真情服务下岗职工""为下岗职工特殊群体排忧解难,为构建和谐社会做出了应有的贡献"。

档案作为最原始的凭证,可为职工办理退休、医保社保、继承财产等提供依据。按照国家政策,凡在特殊岗位上累计工作9年以上的职工可提前5年申请办理退休手续,每位职工不仅可免缴社保和医保费,每月还可领取1000多元退休金;年满70周岁,未参加基本养老保

■ 福州市信息委员会和福州市机械冶金行业国有企业服务中心主任代表下岗职工为省档案馆送来锦旗

险的高龄职工，可以申报领取老年生活保障金，每人每月700多元。办理相关手续，必须提供相关证明材料，对于下岗职工来说，原单位保存下来档案就是真金白银。

20世纪90年代，因企业改制，福州市机械冶金行业的9家破产企业因不具备保管条件，相关档案暂存在省档案馆。为办理特殊工种提前5年退休手续，领取70岁以上未参保高龄职工生活保障金和各种政策性补贴（如劳模、归侨、高工等），以及继承遗产、办理公证等，从2003

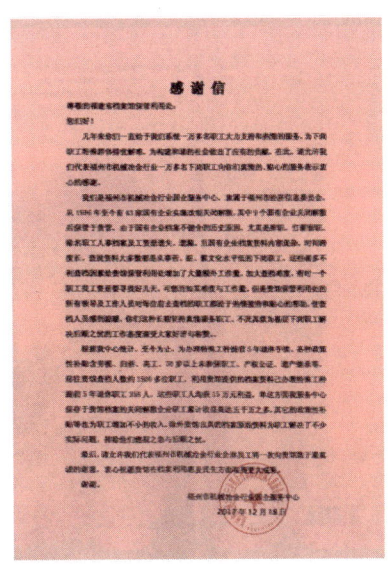
■ 福州市机械冶金行业国有企业服务中心代表下岗职工送来的表扬信

年起，职工们相继来到省档案馆查阅相关档案材料。这些档案内容庞杂，涉及职工的人事、工资、岗位和从业表现等方方面面，且分类不规范、目录不完整，查找起来难度极大。省档案馆保管利用处的工作人员急下岗职工所急、想下岗职工所想、帮下岗职工所需，不厌其烦、不辞辛苦，竭尽全力为他们查找并提供了大量的档案凭证。据统计，截至2017年底，共有1500多位职工来馆查档，利用省档案馆提供的档案凭证，已为358位职工成功办理特殊工种提前5年退休手续，人均受益15万元，总受益达5300万元以上，其他的政策性补贴也为职工增加不小的收入。省档案馆出具的档案为下岗职工解决了不少实际问题，解了他们的燃眉之急，使他们的晚年生活有了保障。保管利用处工作人员热情的接待、周到的服务，赢得了利用者的一致好评。

（福建省档案馆　陈惠芳供稿）

一趟不用跑　档案寄到家

2017年12月，福建省档案馆远程利用平台收到李女士一封查档申请邮件，请求帮助查找其外公唐士琳的相关档案。她在邮件中表示，最近家人在翻修老宅的时候，意外发现了外公写的手稿，手稿中记载了1939年至1943年期间，其外公跟随陆军第28军在闽浙赣一带参加了多次抗日战役，以及曾在209师服过役等信息。但是手稿年代已久，保管条件恶劣，部分字迹模糊，很多信息无法解读。为查找老人信息，之前也联系过湖南、江西和广东等地的档案馆，都没有找到相关资料，此次希望能在福建省档案馆找到些许资料，这是她们后人们最大的心愿。

收到邮件后，窗口工作人员进行了认真细致的查找，先后翻阅了黄埔军校同学录、东南训练班名录，终于在青年军209师直属部队官佐通讯录里找到了唐士琳的相关资料，里面详细记录了他的职务、年龄以及家庭住址等信息。查到档案后，工作人员第一时间与李女士取得了联系，李女士确认省档案馆提供的资料正是她查找的内容，欣喜异常，向档案馆深表谢意，并希望能将这些资料复印两份，一份寄给她，一份寄给她湖南老家的父母，让她们能亲眼看到这些资料，享受查找到亲人信息的喜悦。为避免利用者来回奔波，省档案馆简化流程，将查到的资料直接寄送到利用者及其家乡父母的手中，真正做到了让利用者查找档案"一趟不用跑"。

优质高效的查档服务赢得了利用者的真心好评,几天后,收到资料的李女士特意来信表示感谢:"真的非常感谢贵馆及工作人员!虽然只是一份通讯录,但是对于后人来说,非常珍贵。我们一定好好保管,谢谢,资料已收到,后人们亲眼看到,都很激动。再次感谢贵馆的帮助。"

(福建省档案馆 余颖供稿)

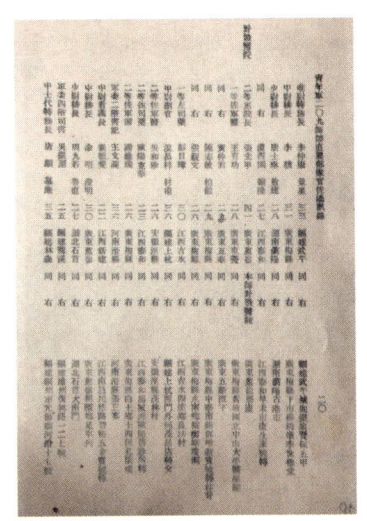
■ 青年军209师直属部队官佐通讯录

档案利用走上"快车道"

2016年12月9日,福州市档案馆档案利用窗口接待了一位焦急的查档群众。徐某是福州市传染病医院即将退休的医生。单位为他办理退休手续时,重新核查了他的个人住房补贴和工龄等重要信息,发现缺了1976年8月至1978年8月间他在四川省峨眉县新民公社下乡插队的知青档案,这直接影响到他的住房补贴额和退休后的待遇。由于他目前工作繁忙无法抽身,加之年迈体弱、路途遥远,也不知道这么早以前的档案上哪找,因此希望福州市档案馆能提供帮助。

工作人员随即与成都市档案馆取得联系,并将记载有徐某个人身份信息、插队时间、利用目的等事项的申请表通过传真发至成都市档案馆,请求对方协助查

■ 查档现场

阅。不到半天的时间,就接收到来自成都市档案馆的知青情况登记表传真件,以及峨眉山档案馆的知青介绍信存根和花名册传真件。从福州市档案馆工作人员手中接过证明资料后,徐某连声道谢并在留言表中盛赞:民生档案跨馆服务让利用者有了更多获得感。

  跨馆利用服务工作跨的是区域,赢的是民心。为更好地服务公众,贯彻"马上就办,真抓实干"的精神,从福州市"同城跨馆",到2015年7月与成都市档案馆签订了档案跨馆利用服务协议,可以联系成都市档案馆协助查询,再到逐步实现与成都市、南京市、天津滨海新区、北京朝阳区的跨省跨馆查档,福州市档案馆跨馆利用服务彰显了信息时代档案工作的新举措,展现了档案工作者务实、热心服务的职业道德品质。

(福州市档案馆 林正忠供稿)

"光荣在党 50 年"

在建党百年的特殊历史时刻，党中央首次为党龄达到 50 周年且一贯表现良好的党员颁发"光荣在党 50 年"纪念章。这是中国共产党成立 100 周年庆祝活动的重要组成部分，是对老党员们的关爱关怀和充分肯定。

■ 党员花名册

七一前夕,三位古稀老人邓某、张某、官某,因入党材料缺失,分别委托他们子女到三明市三元区档案馆,查找入党50年的证明材料。工作人员首先在馆藏检索系统中输入三位老同志姓名,均未查找到工作介绍信、调令等有价值的档案材料。经详细询问当事人退休前工作情况,再从所在单位花名册里查找,也没有找到相关入党证明材料。最后,工作人员试着在"1970—1972农村党员名册"里翻查,终于查到三位老人的入党时间分别为1958年11月、1969年10月和1970年12月。党龄确认后,三位老人获颁"光荣在党50年"纪念章的心愿终得以实现。

79岁的岭官村老党员温某认为自己的党龄已经满50周年,也符合勋章发放条件,但是村里的勋章发放公示名单中没有自己的姓名。于是,他来到林畲镇档案室求助,希望能查询到证明自己入党时间的档案材料。档案管理员根据温某提供的个人基本信息,重点锁定查找岭官村党员档案。经仔细查阅老人当年的《入党志愿书》等相关材料,确定温某的入党转正时间为1967年7月17日。镇党委及时将他的名字

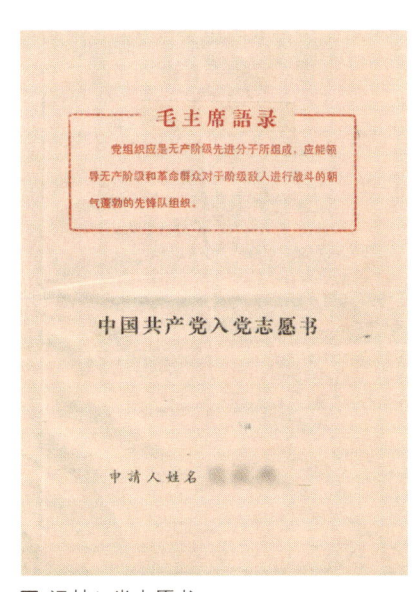
■ 温某入党志愿书

添加到勋章发放公示名单,温某激动不已,他说:"作为一名中国共产党党员,我始终感到非常光荣,感谢党和国家没有忘记我们。我要坚定永远跟党走的信念,竭尽所能为党做一些力所能及的工作。"

(三明市三元区档案馆　王华　清流县档案馆　肖薇　联合供稿)

退役军人的喜悦

自民政部门组织推行退役军人相关优抚政策以来,前往古田县档案馆查找档案,寻求入伍、退伍依据,以便落实优抚政策的退役军人络绎不绝。

来档案馆查档的退役军人大多上了年纪,有的行动不便,有的沟通交流困难,有的家在外地……为服务好退役军人的档案查阅工作,古田县档案馆一方面调集馆内技术骨干,增加接待服务窗口,热情、细致地服务好到馆查阅档案的退役军人;另一方面,开辟绿色通道,为外地及行动不便的退役军人提供电话代查、邮寄送达相关证明等贴心服务。

截至2018年底,档案馆工作人员加班加点,共为5000余名退伍老兵提供证明材料17000多张,这些都成为落实老兵优抚政策的重要依据。档案馆里完好保存着70年前珍贵入伍档

■ 古田县档案馆馆长和业务骨干服务退役军人。

案，既是老兵们热血青春的印证，也是老兵们耄耋之年享受优抚待遇的凭证。阅档案再现如火青春，忆档案见证家国初心，查档案落实优抚政策。80多岁的抗美援朝老兵们激动不已，情不自禁地在查档现场唱起了当年的志愿军战歌。

■ 退役军人现场查找档案证明

（古田县档案馆　高云燕供稿）

暮年寻英魂

2018年6月,闽侯县档案馆工作人员接待了湖南省档案局退休干部田某华。田先生现年70岁,是一位烈士的遗腹子。他的父亲田全仁在抗美援朝战争中牺牲,查寻未谋面的父亲的安葬地是他的夙愿。此次专程来到档案馆,田先生非常希望能找到有价值的线索。

据田先生介绍,父亲牺牲前任志愿军24军74师222团一营供给员,1953年7月15日在抗美援朝第五次战役平康前线"432.8"高地光荣牺牲。父亲生前所在部队先是南下福州,1951年从闽侯北上抗美援朝。其间闽侯县有不少青年应征入伍赴朝作战,父亲生前战友多为福州籍。他还听说同他父亲并肩战斗的福州籍老战友,很多复员退伍后至今仍健在。此次前来他希望能找到福州籍志愿军老

闽侯县档案馆馆藏抗美援朝档案

战友或烈士后嗣知情者,以便打听父亲牺牲后的安葬地。

档案馆工作人员根据田先生的回忆,认真查找馆藏档案资料,终于在《抗美援朝保家卫国烈士永垂不朽》资料中查找到抗美援朝福州籍志愿军74师222团部分人员名单。有了这份详细的人员名单,问题开始迎刃而解。田先生走访部分健在的闽侯籍老志愿军及烈士家属,终于了解到父亲和他同壕牺牲战友的安葬地——朝鲜。田先生的愿望终于成真,此事经过《中国档案报》《闽侯乡音》、湖南电视台《寻情记》宣传报道后,引起了强烈的社会反响,正所谓兰台默默记春秋,不朽芳华存英名,白山黑水葬英烈,此情可待成追忆。

(闽侯县档案馆　陈雅玲供稿)

档案还原抗日阵亡将士身份

"感谢,真的太感谢了!70多年了,终于恢复了公公的名誉。可以堂堂正正的立一块碑了。婆婆的遗愿终于完成了。"接过上杭县档案馆工作人员帮忙复制的薛先维阵亡档案,丘女士喜极而泣。

丘女士是上杭县抗日阵亡将士薛先维的儿媳,1981年婆婆去世时留下遗愿让她寻找公公的档案,多年来她一直寻找无果。如今看报纸得知国家可以追封国民党抗战英雄为烈士。为完成婆婆的遗愿,她抱着试试看的心理,来到上杭县档案馆,县档案馆的工作人员认真查找,在民国档案《上杭县抗战阵亡将士简历忠烈事迹表》中找到薛先维的事迹。

据档案记载:薛先维,字永宁,上杭下都乡豪康村人,任十八军特务团第一营少校营长。

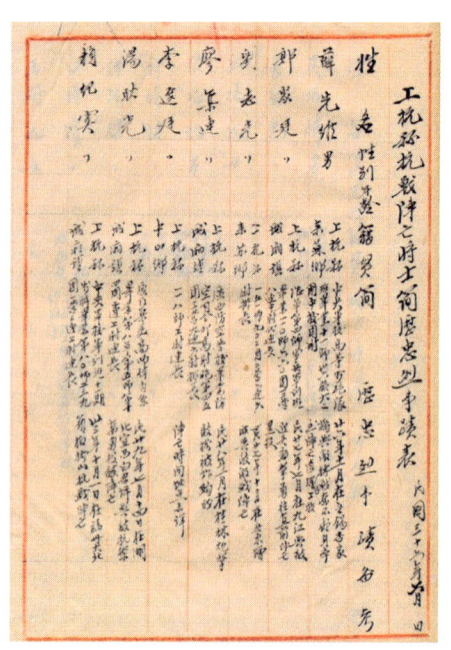

■《上杭县抗战阵亡将士简历忠烈事迹表》

1937年8月13日,淞沪抗战爆发,他随军至沪,先后参加吴淞、罗店、东林诸战役,指挥作战,奋勇杀敌,晋升中校团副。东林之役,与日本侵略军血战5日。同年11月,在无锡查家桥力战阵亡。后国民党政府追封他为上校,追认为烈士。

翻阅这尘封70年的档案,丘女士被公公的事迹深深地震撼了,崇敬之情油然而生。

(上杭县档案馆 赵键供稿)

缘起贴吧，情系四方

2015年，宁德的黄先生来到福建省档案馆查阅民国时期黄埔军校学员录，乘兴而来满意而归，回去之后他激动不已，将自己的查档经历整理分享在百度贴吧上。正所谓，一石激起千层浪，黄先生的查档收获在贴吧上引起强烈反响，各地网友纷纷在贴吧上委托黄先生查档。热心的黄先生依托福建省档案馆馆藏还真就帮助了不少网友，就这样，一传十，十传百，黄先生受网友委托多次往返福建省档案馆查阅相关档案资料，每次均有不同收获。2015至2017年短短三年间，他总共帮助了四五百人查到先辈的档案信息。

英姿飒爽着戎装，誓杀倭寇灭东洋。
八年抗战未曾歇，捷报频传还故乡。

这是向廷瑞少将的四子见到父亲戎装照后有感而发，当即挥毫泼墨，赋诗一首。向廷瑞，四川遂宁人，陆军少将，四川讲武堂、中央陆军军官学校高等教育班第五期毕业，1949年在四川起义，新中国成立后任解放军第7军17师参谋长，重庆市政协委员。他的孙女向女士慕名在贴吧上向黄先生发帖求助，之后黄先生在福建省档案馆工作人员的指引帮助下，找到了相关档案及照片。2016年11月14日，经过一年多的搜集和整理，《向廷瑞少将纪念册》正式印制成书，开篇玉照正是从福建省档案馆中找到的向廷瑞戎装照，向氏子孙通过黄先生向福建省档案馆表达了全家的敬意与感激之情。

■ 黄先生所查部分馆藏档案

西安的韩先生也是在贴吧上结识了黄先生，之后接受委托的黄先生带着韩先生提供的点滴线索来到福建省档案馆，经过一番查找，黄先生找到了韩先生的祖父韩百祥的相关档案资料。凭着这些真实可靠的档案资料，韩先生顺利地领到了来自宝岛台湾的抗战纪念章和证书，上书："韩百祥先生，曾参与对日抗战，牺牲奉献，功在国家，特颁发抗战胜利纪念章，以昭尊崇。"韩先生激动地打电话给黄先生："如果我没有认识你，就不可能找回我爷爷的荣誉，更要感谢档案馆，多亏他们把这些保存得这么好，真的是太感谢你们了！"

黄先生通过几十次的查档经历，已经和福建省档案馆结下了不解之缘，他代表众多网友多次在利用者留言簿上留言感谢："有了档案，历史的光辉不会泯灭，有了档案，先辈的事迹重新传承。""因一次举手之劳，我渐渐走上了帮助黄埔后人的道路，虽费周折，也收获了感动和感谢。""福建省档案馆，您的名字应该广为流传。"

（福建省档案馆　陈昕供稿）

档案再续战友情

退伍老兵林先生是广西南宁人,1979年参加对越自卫反击战,在战斗中结识了来自福建三明的战友郑某。对越自卫反击战结束后,他们一起来到石家庄陆军学院学习,毕业后一起分在步兵65军某师。凑巧他们都来自南方,一开始都不太适应北方的生活,于是在工作上、在生活中接触越来越多,感情也越来越深厚。后来他们陆续转业,林先生回到了老家南宁,郑某在转业前也给林先生寄了封信,告诉林先生他回到了家乡福建三明。

当时的通讯远远没有现在便利,郑某转业后,他们就失去了联系。

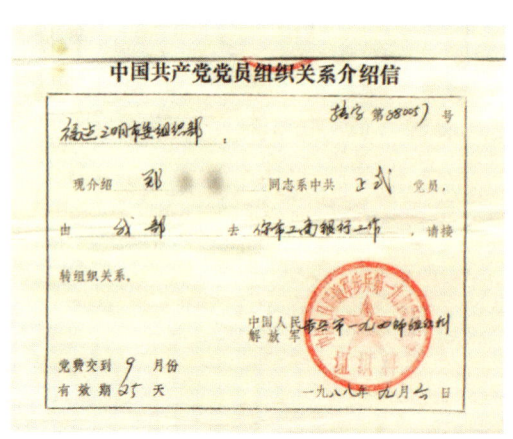

■ 三明馆藏郑某组织关系介绍信

30年来,林先生一直惦记着他的战友,不知道他过得好不好,很想和他说说话,叙叙旧。但苦于一直无法与郑某联系上。无奈之下,林先生把电话打到了三明市档案馆寻求帮助。工作人员经过仔细查找,告诉林先生找到了一张郑某当年转业时的党组织关系介绍信存根。介绍信存根中清楚地记载着郑某在1988年9月6日由部队转业至三明市工商银行工作。市档案馆工作人员热心地帮他联系到了市工商银行档案室工作人员，很快便顺利找到了阔别30多年的战友。

之后，林先生高兴地再次打电话来，感谢档案，圆了他找寻战友的梦。

（三明市档案馆　陈琳供稿）

一份老报纸慰藉思乡情

2016年10月的一天，一个国际长途电话打进了泉州市档案馆查阅中心，来自英国伦敦的黄女士想要查找一张1949年1月30日的《泉州日报》，这份报纸的第一版刊登有她父亲当年的一篇文章。

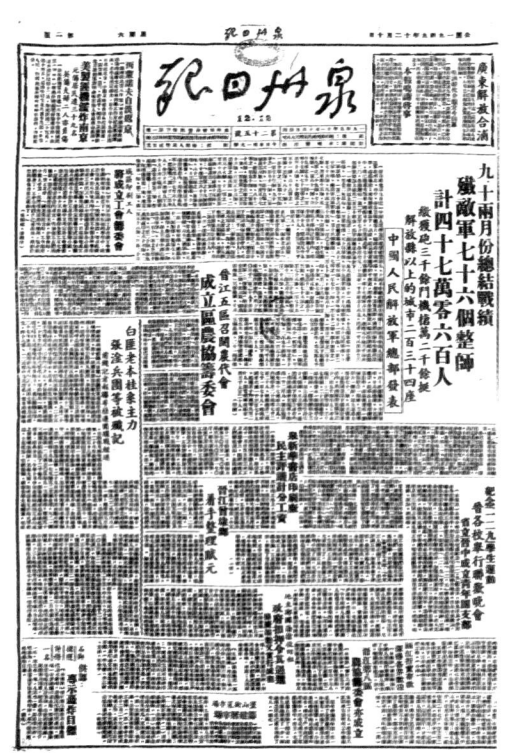

■ 1949年12月10日《泉州日报》第一版

黄女士的父亲是泉州人，早年在泉州生活，现定居北京，已95岁高龄。老人家年岁已高，行动不便，时常想起故乡往事。几天前跟女儿说起看到一篇文章介绍他当年发表在《泉州日报》上的关于纪念"一二·九"运动的文章，希望能找到当年的报纸。黄女士虽身在异国，却很希望能满足老父亲的心愿，随即通过网络查询，了解到泉州市档案馆保存有早期的报纸。接到电话以后，工作人员马上翻阅馆藏的《泉州日报》，发现1949年1月的报纸只到 27 日，又查看了前后相邻几天的报纸，也没有找到相关内容。后来，黄女士又打来电话，说她父亲记得是在纪念"一二·九"运动第二天登报的，原来是黄女士的理解有误。

于是，工作人员重新翻阅查找，最后在 1949 年 12 月 10 日的《泉州日报》第一版找到她父亲以"振亚"为笔名写的题为"纪念一二九学生运动 晋各校举行联欢晚会 省立晋中成立青年团支部"文章，并将该份报纸扫描后通过网络发给黄女士。能满足老父亲的心愿，黄女士非常高兴，对档案馆工作人员一再表示感谢。

（泉州市档案馆　杨丽环供稿）

一纸工资表获补养老金

根据《国网福建社保中心关于做好基本养老保险部分参保职工政策性补缴工作的通知》要求,国网厦门供电公司组织部认真开展养老保险政策性补缴工作,将符合政策性补缴条件人员的档案材料报送省社会保险中心,经审核后,其中21名职工的档案材料无法确定其参加工作时间,须补充提交相应材料,才能办理从参加工作时间起的养老保险补缴手续。

公司档案员了解到此事,主动对接组织部,表示将不遗余力地为这批职工查找凭证。此事涉及职工人数多,工作时间不确定,查找的难度可想而知,怎样才能尽快完成"棘手"的任务?档案人员想到查找会计凭证,只要能找到职工工资发放表,就能证明参加工作时间。

这21名职工原属厦门市同安电力公司,其前身为同安县电力公司,是同安县政府下属国有企业,1995年由厦门电业局代管,1997年更名为厦门市同安电力公司,2005年公司体制改革,上划福建省电力有限公司。企业几经改制,人事档案不完整,无法确定职工参加工作时间。

考虑到基本养老保险政策性补缴工作涉及职工切身利益,补缴截止时间为10月底,迫在眉睫。档案人员对信息分析后,决定将21名职工按毕业分配的时间先后进行排序,先逐年逐月逐本查找月工资发放凭证,再从凭证中查找出人员名单。档案人员和组织部的同志通过对1998年至 2003 年付款凭证，一本本，一页页地翻查，五个小时过去了，随着一个个名字在凭证中被找到，大家都高兴地笑了，查找过程的烦琐和劳累，在那一刻也化为满满的幸福。

有了档案原始凭证，公司按时完成政策性补缴申报工作，顺利地为 21 名职工补缴 15.3 万元基本养老保险费，切实保障了职工合法权益，提高了职工退休后的基本养老金水平。

■ 查阅的相关会计凭证

(国家电网厦门供电公司档案室　祁宁供稿)

破产企业档案维护下岗职工权益

"真的太感谢区档案馆的同志了,耐心地帮我找到了档案,这下真是彻底解决了我的烦心事!"在拿到个人工资表、停薪留职协议书等档案材料后,陈某芳激动地说道。

原来,陈某芳早先在莆田县造纸厂从事铸工工作,后来因为企业破产改制,10多年前他选择停薪留职。到了退休年龄,准备办理退休手续时,他被告知要补齐在莆田县造纸厂工作的相关档案材料,否则这段工龄无法被认定。陈某芳先后到区工信局、区人社局等多个部门查找,都没有找到相关的材料。最后,他抱着一线希望,来涵江区档案馆查找,工作人员热情接待了他,并根据他的需求,立即开始查找。经过2个多小时的努力,先后调出案卷25卷次,终于为他查到行政介绍信、停薪留职协议书、工资清算单以及1987年到1994年工资表等相关档案,为

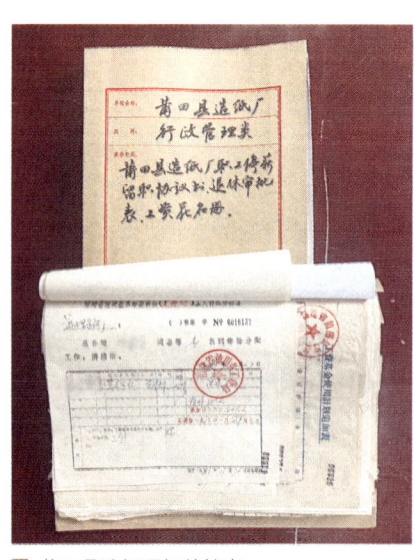
■ 莆田县造纸厂相关档案

其认定工龄提供了原始依据。"如果没有这些档案证明我的工龄,我的退休金就会少很多,家里的经济状况一直不好,等拿到退休金后,生活压力将会小很多。真的非常感谢你们!"陈某芳一再道谢后满意而归。

2020年2月,福建省富文钢铁厂工人陈某急匆匆地来到顺昌县档案馆,上气不接下气地说道:"我现在面临退休,工厂里没有我的档案,无法证明我的工龄,退休手续无法办理,我该怎么办?"

档案利用窗口接待人员安慰他不要着急,并向他详细了解了进厂时间、工作车间等查找线索。考虑富文钢铁厂档案数量繁多,查找难度较大,按照年度、月份、车间等顺序逐卷逐页排查翻找会计档案耗时较长,工作人员主动留了他的联系方式,安抚其回家耐心等待。紧接着3名工作人员费时两周,对富文钢铁厂展开大范围筛查,终于为陈某找到了相关的工龄证明材料。根据档案馆查阅到的档案资料,陈某及时确定了工龄,顺利办理了退休手续。

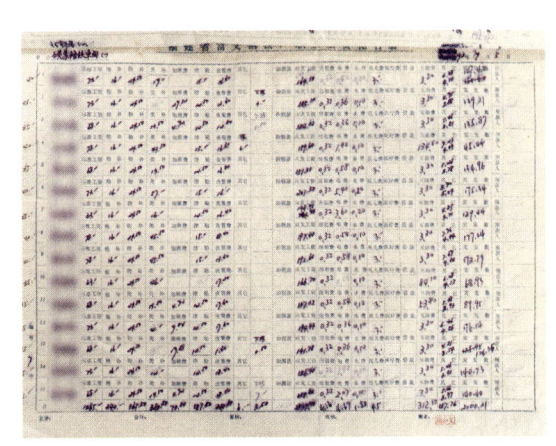
■ 福建省富文钢铁厂会计档案

林先生曾在合成氨厂合成、电仪、精练等多个特殊工种岗位工作16年,企业破产后就下岗了。到了退休年龄,按照政策他可以申请提前5年退休,但社保部门只认定了他1年的特殊工龄。于是,他委托姐姐来泰宁县档案馆查找特殊工龄的证明材料。

■ 合成氨厂会计档案

泰宁县档案馆馆藏合成氨厂的工资册名单大都没有体现工种信息，这给查档工作带来不小的挑战。工作人员只能逐卷逐页调阅合成氨厂历年体现特殊工种信息的会计档案，几轮翻找补充，终于补齐了林先生13年的工资表单。凭借这些证明材料，社保部门很快为其认定了8.5年的特殊工龄，并为其办理了提前退休手续。此举为他节约了近20万元的续保支出，他的姐姐在查档现场感激不尽地说："真是感谢你们，如果没有这些会计档案，我弟弟提前退休是根本不可能的，你们为我们做了一件大好事。"

近十年来，泰宁县档案馆积极提供合成氨厂、造纸厂、林保厂、综合制材厂等破产企业档案查阅利用，为近600名下岗职工办理特殊岗位提前退休、临时工工龄落实和在职职工享受拆迁优惠房源等提供档案依据，维护了下岗职工的权益。

....

章先生在德化县农械厂工作15年，从事特殊工种近10年，后因农械厂改制离职自谋职业。根据国家有关政策，在企业从事特殊工种的职工，男性满55周岁即可申请办理退休。可在办理退休手续时，章先生却被

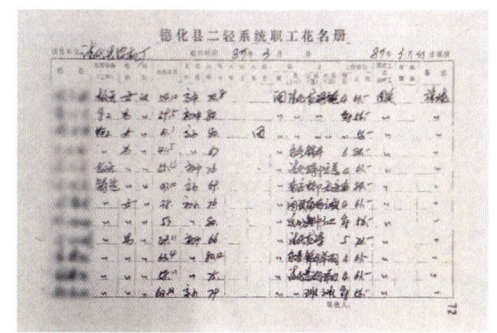

■ 德化县农械厂职工花名册

告知需提供从事特殊工种相关档案才能办理提前退休。

　　农械厂早已解散，想从厂里找档案来佐证他从事特殊工种的经历是不可能了，章先生抱着最后一线希望，来到德化县档案馆。工作人员了解情况后，以他的名字和农械厂等关键词，在档案查询系统均检索不到任何信息。工作人员分析，查阅该厂主管单位县二轻总会或许会有所发现。果然，在该全宗干部职工花名册里找到其下属几个厂的职工花名册。按照章先生需求，工作人员查到并复制1980年至1995年农械厂干部职工花名册12份，其中有8份锅炉工特殊工种在岗花名册，有力证明章先生从事8年特殊工种。章先生拿到这些证明材料满意地笑了，他说他可以申请办理提前退休了。经随访，章先生已在55周岁那年办理了退休手续。

（涵江区档案馆　元小宝　顺昌县档案馆　郑　巧　泰宁县档案馆　艾梅英　德化县档案馆　陈必致　联合供稿）

"我领到村主干补助金了"

由于历史原因和受经济条件的限制,涵江区绝大多数村主干没有参加养老保险,离任后特别是年迈时生活困难,有的身患多种疾病,经济拮据;有的年老无依,处境艰难。为激发村级干部在推动发展、服务群众的积极性、创造性,进一步增强村级组织的活力,涵江区积极探索建立离任村干部关怀制度。从2010年7月起,在全区推行离任村主干生活补助制度,规定任职6年以上,年满60岁的离任村主干,可按月领取生活补助,最低60元,最高210元,按照任职年限逐年递增的补助标准,每月定期发放生活补助金。该制度实施以来,来涵江区档案馆查找村干部任职档案的人员络绎不绝。

2018年8月9日下午刚上班,一位老人急匆匆走进查档室,工作人员让老人坐下,耐心询问。老人叫郭某忠,65岁,家住白塘镇双福

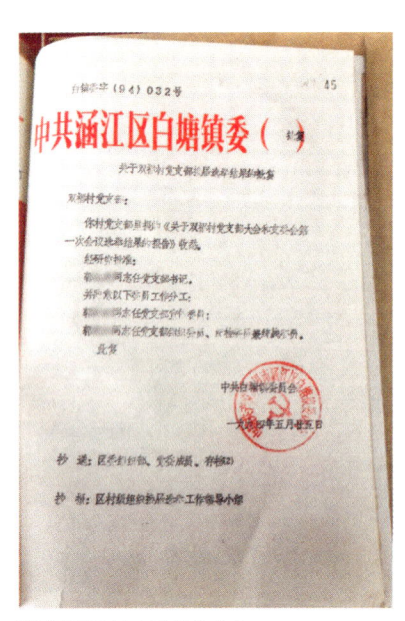

■ 涵江区村主干任命文件

村，1989年—2000年曾历任双福村村长、支部书记职务。由于时隔久远，他的任命文件等证明材料不齐全，组织部门无法确认。为此，到涵江区档案馆查阅其任职材料。工作人员认真分析，老人要找的档案应该在这三个全宗：一是涵江乡全宗，1989年—1993年白塘镇还未成立，双福村隶属涵江乡；二是白塘镇全宗；三是区民政局全宗。工作人员很快在白塘镇全宗找到郭某忠老人于1994年任双福村党支部书记的任命文件，但涵江乡全宗里仅找到其1990年任村副书记的任命文件，区民政局全宗也未找到其相关的佐证材料。老人情绪激动地说："当时我是任村主任兼村副书记的！"工作人员一边安抚老人，一边耐心继续查找，最后在涵江乡全宗1990年双福村党员花名册找到郭某忠姓名，其行政职务一栏填写着"村长"一职。老人连声道谢："感谢你们，感谢你们，你们的服务态度真是没的说！你们这么耐心地帮我找齐材料，那个补助款我可以领到了。"

······

2017年8月，一位老人顶着烈日前来沙县档案馆查询其担任村主干的档案资料。老人姓刘，刚满60周岁，因缺失1988年至1996年间在富口镇堆积坑村任职的部分材料，无法申领离任村主干补助金。

2008年5月，沙县县委、县政府为贯彻落实福建省委组织部相关文件精神下发了《关于进一步健全完善村主干激励与约束机制的实施意见的通知》，明确规定采取"固定补助＋年限补助"的办法，对符合条件的离任村主干，即新中国成立以来在沙县正式建制村担任村党组织书记或村委会主任6年及以上（可累计），男年满60周岁、女年满55周岁的离任村主干，由乡镇财政所按月发放一定金额的补助金。

经过档案馆工作人员仔细查找，在馆藏沙县县委组织部及沙县富口镇政府两个全宗的案卷中找到了5份证明材料。

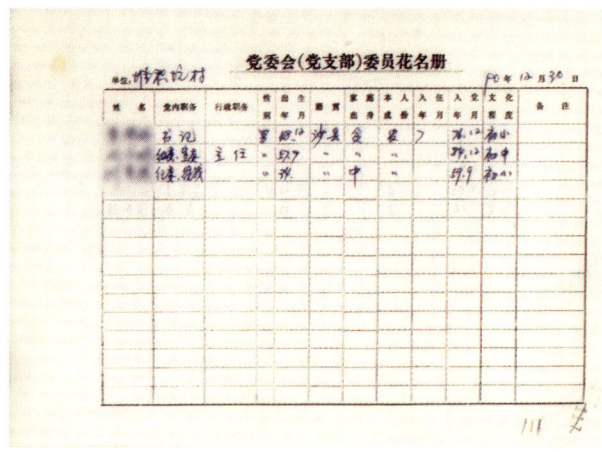

■ 沙县堆积坑村党员花名册

两个月后，老刘特意到沙县档案馆向工作人员表示感谢，他说他已经领到补助金了，每月220元，每年2640元。

此项政策已执行12年，补助金额由原来每月50元提高到200元，任期超过6年的，每增加3年，每月可再增20元。据不完全统计，沙县已有420多人领到离任村主干补助金，每年补助金额高达110多万。

（莆田市涵江区档案馆 元小宝 沙县档案馆 张杨钦 联合供稿）

"隔屏"查档

平潭综合实验区档案馆通过完成馆藏婚姻档案数字化扫描、简化查档流程等途径,服务群众财产继承、出国留学、房屋购买等需要,大力开展婚姻档案利用服务。

2020年9月,林先生的堂兄向档案馆咨询查档事宜。原来,林先生有一块地被政府征用,办理征地补偿手续需要提供结婚登记证明。但林先生瘫痪在床多年,本人无法前来,希望能为他提供代查服务。

考虑到林先生的特殊情况,档案馆工作人员当即决定为其提供查档便利,建议由其堂兄携带两人相关证件及委托书来馆查档。不久,林先生的堂兄按要求来到档案馆。工作人员通过与林先生视频通话,了解本人查档意愿,查验其堂兄委托代查身份后,

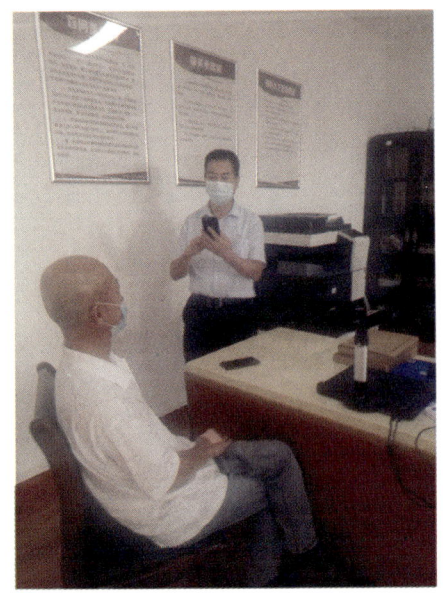

■ 查档现场

通过数字档案馆系统快速找到了林先生的婚姻登记档案。

隔着手机屏幕,林先生盯着婚姻登记档案复印件,激动地说:"因为我瘫痪在床,出门十分不方便,本来为查档的事十分忧心。非常感谢平潭档案馆,让我不费周折查到档案。"有了这份证明材料,林先生顺利办理了征地补偿手续。

(平潭综合实验区　黄宁馨供稿)

找回遗失的干部身份

2020年9月，高大姐急匆匆地赶到平潭综合实验区档案馆。据她说，1999年她卫校毕业分配到某乡镇卫生院，后调到县某医院工作，一直都是干部身份。近期她所在医院在开展人事档案专项核查时，发现干部名单里没她，20多年的干部身份怎么变成职工了？为此，她心急如焚来到档案馆寻求帮助。

根据高大姐提供的信息，档案馆工作人员在馆藏人事局全宗相关档案里，查找到2000年高大姐的福建省普通大中专毕业生就业通知书、事业单位工作人员工资介绍信，2004年调动行政介绍信存根及调动申请报告、调动后的事业单位工作人员工资介绍信等档案。

拿到这些档案复制

■ 查档现场

件，高大姐激动地说："要是没有这些档案，自己就要被当成职工，影响工资待遇，还要提前5年退休，得损失多少啊，太感谢了！"

过了几个月，高大姐再次来到档案馆，向工作人员表示感谢，她高兴地说："我是工资系统被误录成了职工身份。多亏了档案帮我找回了被遗失的干部身份，档案真是功不可没啊！"

（平潭综合实验区行政服务中心档案与大数据科　徐慧供稿）

"量身定制"

2017年10月的一天，福安市档案馆工作人员接到一个来自北京的求助电话。对方陈女士，家住北京海淀区，身患白血病。因时日不多，想在生前把名下房产过户给女儿。在办理房产过户时，因结婚证丢失，北京市海淀区民政部门要求提供结婚登记证明材料。

陈女士是在福建省福安市城关镇登记结婚的，因此她通过电话，寻求福安市档案馆的帮助。福安市档案馆工作人员马上向领导汇报情况，并着手查找相关档案。按照民政部、国家档案局《婚姻登记档案管理办法》规定，婚姻当事人因故不能亲自前往查阅的，可以办理授权委

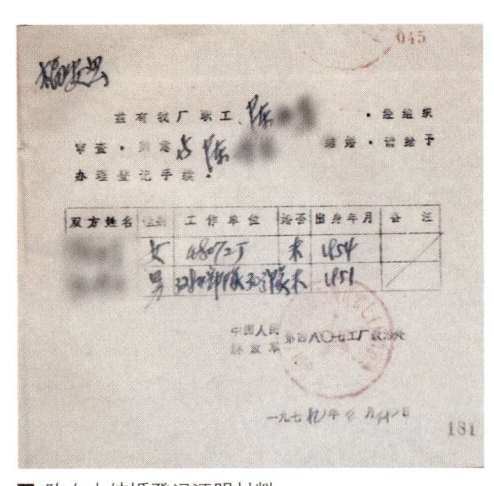

■ 陈女士结婚登记证明材料

托书，委托他人代为办理，委托书应当经公证机关公证。陈女士病情严重无法出行，她的丈夫要照顾她也无法抽身，她的独生女又在国外，陈女士一时找不到亲属可以代办查档，为此一筹莫展。

考虑到陈女士的特殊情况，档案馆工作人员当即添加了陈女士的微信好友，同时主动与北京市海淀区民政局结婚登记处沟通，求证陈女士的情况，并积极与对方协调提供便民服务的办法，最终为陈女士"量身定制"了一套合规合理的查档流程：由北京市海淀区民政局结婚登记处直接开具申请调阅陈某的结婚登记证明的工作函，福安市档案馆接收到工作函查档申请后，直接将相关档案材料邮寄到北京市海淀区民政局结婚登记处。此项便民举措让陈女士"置身查档事外"，一趟都不用回福安，就在北京婚姻登记部门补办了结婚证书，并顺利办理了房产过户手续，了却了她一桩心愿。

（福安市档案馆　缪逸霞供稿）

档案助力退伍军人免缴社保

2020年10月,退伍军人郑先生来到三明市档案馆,要求查找反映其当兵历史以及退伍安置的相关档案材料。

据郑先生介绍,他于1979年1月应征入伍,1982年1月退伍,被安置在三明市玻璃厂工作,后来又调到家具工业公司、皮鞋厂等单位工作。2001年至2004年因所在企业破产,其本人下岗失业社保缴费断缴近4年。据了解,如今国家出台优惠政策,退伍军人下岗期间断缴的社保费用其中应由用人单位缴交部分可以免交,免交的年限不能超过服兵役的年限。

了解相关情况之后,三明市档案馆工作人员经过一番查找,从馆藏档案中找到了郑先生的《职工升定级审批表》《招工介绍信存根》《退伍军人安置介绍信存根》等档案,证实郑先生1979年1月应征入伍、1982年退伍安置的3年当兵的履历。有了档案依据,郑先生尽享3年社保免缴年限,为断缴续保节省了约1.5万元费用。

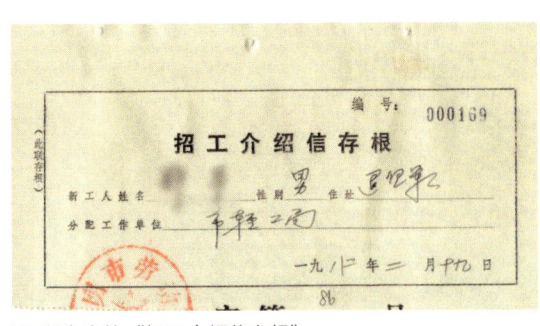
■ 郑先生的《招工介绍信存根》

(三明市档案馆 游志高供稿)

服刑人员的新生

2020年4月14日，一位女士行色匆匆冲进南平市档案馆，情绪激动地对着工作人员大喊："要是档案馆这里再找不到，我也不活了！"档案馆工作人员见状立即放下手中的活，上前安抚她，并详细了解事情来龙去脉。

原来，这位女士姓钟，顺昌人，丈夫几年前因一时冲动犯下大错，正在某监狱服刑。经过一段时间的改造，他已经认识到自己的错误，决心改过自新。而恰好此时，监狱医院提供服刑人员劳动改造机会，但要求懂医学。钟女士丈夫南平卫校医师专业毕业，刚好符合报名条件，经过初筛，已基本通过考核，但监狱医院要求提供毕业证明方可最后入选。丈夫的毕业证早在搬家时就遗失。钟女士听说如果能找到当时的招生花名册、毕业生花名册就可以作证明。可是南平卫校已停办。于是，她到南平卫校留守处、教育局等单位，多方

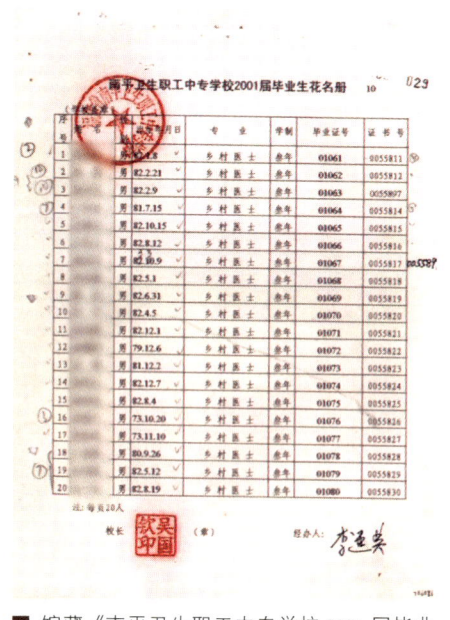

■ 馆藏《南平卫生职工中专学校2001届毕业生花名册》

查找，均无所获，急火攻心之下，说出上述过激之言。

档案馆工作人员了解情况后，几分钟时间内就在馆藏档案数字化系统中查到其

■ 馆藏《福建省1998年成人中等专业学校水平考试新生录取审批表》

丈夫在南平卫校的招生花名册和毕业生花名册档案。拿到丈夫的档案后，钟女士激动地说："丈夫就是我们家的希望，现在找到了这个档案，他就能在里面好好改造，我们家也有希望了。谢谢你们了！"钟女士的不良情绪及时得到排解，档案的作用可谓是四两拨千斤！

（南平市档案馆　黄彧供稿）

五十年前的同学录

2018年7月17日,一位老人走进了南平市建阳区档案馆利用大厅,希望工作人员能够帮他找到1968年福建师范学院(今福建师范大学)到建阳插队的62名应届毕业生的名单。

老人名叫郑某发,是建阳政协一名退休干部。1968年冬,一批刚从福建师院毕业的知识青年响应号召,由他带队来到建阳县插队。一晃50年过去了,老人想找到当年插队的同学聚一聚。因时隔多年,许多同学的姓名都已记不起,于是他来到建阳区档案馆求助。

馆藏数字化档案检索系统此时派上用场,工作人员通过"师院"关键字进行检索,立刻筛选出"1969年建阳县福建师院插队学生62人""建阳县1970年大中专插队学生升调花

■ 郑老先生正在核对插队知青名单

名册（师院、师范学生）"2条目录。点击目录后，直接就预览到了数字化扫描后的花名册名单。因2份档案均是手写且字迹较密，工作人员贴心地进行局部放大处理后，为老人家提供了打印复制服务。拿到名单后郑老感叹："时间过得真快啊！我现在还清楚地记得我们是1968年12月28日傍晚到的建阳，1969年1月1日上午奔赴各公社的，今年都50年咯！谢谢你们帮我找到这份'同学录'！回去后我就能对着名单试着联系，让大家聚一聚。"

（南平市建阳区档案馆　严婷婷供稿）

大专班学员的退休手续

1978年高等学校扩大招生,龙岩地区扩招了工业、农林、卫生、师范等大专班,为闽西经济社会发展培养了一批各个领域专业人才。如今这些人员都陆续到了退休年龄,办理退休手续需要向当地人社部门提供当年就读大专班的学籍档案。

仅2020年龙岩市各地就先后有70多名原大专班学员到龙岩市档案馆查询档案,市档案馆从馆藏龙岩学院、市工业学校、农校、卫校等全宗档案中查阅复印大专班招生录取花名册、毕业生花名册等相关档案证明材料180多页,为他们顺利办理社保、退休手续提供了有力的原始档案证明。

长汀县档案馆也迎来一批大专班学员,工作人员经过仔细检索,确定没有1979年就读龙岩地区大专班的相关档案。经过耐心与

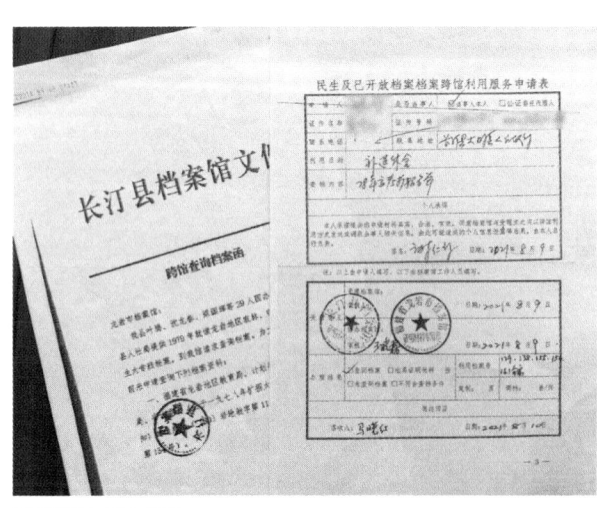
■ 跨馆查档申请函

老人沟通，同时向县人社局详细了解情况，他们猜测档案可能保存在龙岩市档案馆。考虑到利用人数较多且年纪较大，县档案馆工作人员立即与龙岩市档案馆保管利用科取得联系，希望通过跨馆查档获取所需档案。

大专班有龙岩市属各县（市、区）籍学生600多人，为破解跨区查阅利用大专班学籍档案的难题，龙岩市档案馆发挥跨馆联动机制的作用，大力开展跨馆服务。接到长汀县档案馆跨馆请求后，龙岩市档案馆接待人员迅速行动起来，向长汀县档案馆提供省教育局、省计委关于大专班学制问题的政策性文件、各大专班花名册的数字化副本。有29名长汀籍学员在长汀县档案馆就近拿到了他们所需的档案。"就近查档，跨馆服务"不仅免除他们长途奔波的辛劳，还节省了差旅费用。

（龙岩市档案馆　王晓霖　长汀县档案馆　马晓红　联合供稿）

落实老农技员补助

2020年春节刚过,漳平市政府就下发落实老农技员生活补助的通知,年满60周岁的老农技员可申请获得补助。

漳平市档案馆陆续迎来130多位查阅农技辅导员档案的利用者,主要是1976年至1986年间曾经在各乡镇、各村从事一线工作的老农技员。市档案馆工作人员学习文件精神,领会补助发放要求,摸排馆藏相关档案材料,调阅有关农技辅导员文书档案。截至11月30日,共提供档案利用1627卷件137人次,复印档案1543页,有力保障老农技员获取生活补助、享受惠民政策。

■ 老农技员查档现场

(漳平市档案馆 黄锦玲供稿)

招工表解决存款支取难题

"太谢谢你们了！没有这份档案，我妈的存款就很难取出来了。"在新罗区档案馆查档接待大厅，一对姐妹由衷地感谢查档工作人员。

原来，姐妹俩的母亲在银行有一笔存款，但因早期汉字输入法无"浉"字，银

■ 姐妹俩查阅学籍和招工档案现场

行工作人员将其存折姓名中"浉"字打印成"*"号，导致本人持身份证到银行都无法取款。老人又身患帕金森综合征，无法正常交流。银行工作人员要求子女提供与母亲的亲属关系证明，才能办理取款手续。为此，姐妹俩专程来到新罗区档案馆，查找能证明与母亲亲属关系的证明材料。因馆藏没有其户籍档案，未查找到与母亲相关的任何信息，查档工作一时陷入困境。后工作人员换个思路，从查找姐妹俩的学籍、招工

等相关档案入手,终于从馆藏劳动局全宗中查找到了一份能证明母女关系的招工登记表。利用这份招工登记表提供的亲属关系,银行很快予以办理取款手续,顺利为其母亲取出全部存款,避免了不必要的经济损失。

(龙岩市新罗区档案馆　连惠钗供稿)

档案为凭　补办房产证

2020年6月，龙岩市棉纺厂职工吴某群、卢某忠专程为新罗区档案馆送来一面"记载档案历史，为民排忧解难"的锦旗，对工作人员为36个集资户补办房产土地证提供查档服务表示感谢。

此前，龙岩市棉纺织厂一行6人在会计吴先生的带领下，到新罗区档案馆查阅该厂20世纪90年代位于中城凤凰北路的集资建房档案。工作人员通过耐心细致地询问，了解到他们此行的目的主要是查阅该厂2号楼、5号楼集资建房交款凭证及集资户名单。工作人员翻阅1993年至1998年龙岩市棉纺厂会计凭证及账本60多盒，从中查找到当年集资户交款凭据，复印会计凭证52份

■ 龙岩市棉纺厂职工送来锦旗

178张，为36个集资户顺利补办房产土地证提供了翔实的原始档案凭证。

（龙岩市新罗区档案馆　连惠钗供稿）

红军烈士后人的回乡之旅

上杭县是著名的革命老区,有着优良的革命传统,20 世纪 30 年代,上杭县有 3 万多优秀儿女参加中国红军,为革命抛头颅、洒热血,茶地乡的黄文荣就是其中一员。黄文荣是福建上杭县茶地村人,1908 年出生,1932 年参加中国工农红军,任红 25 师班长,经历二万五千里长征,到陕北延安与当地姑娘相识结婚,育有两个女儿黄某波、黄某璞,历经抗日战争、解放战争,战功卓著,于 1948 年 5 月在内蒙古原建西县县长任上牺牲。黄文荣烈士的两个女儿由其母亲养大成人,先后在中国航天科工集团担任要职,虽有过回乡寻亲的想法,但一直没能成行。

2016 年 10 月,黄文荣烈士的两个女儿携子女一行 4 人回上杭县寻根祭祖,来到上杭县档案馆寻找帮助。上杭县档案

■ 烈士后人所赠锦旗

馆工作人员在烈士档案中寻找到 1955 年黄文荣在茶地的亲人久盼不到他的消息为其申请烈士的档案，找到其父亲黄文荣烈士亲人的信息，并为她们联系茶地乡政府，为其寻找亲人提供帮助。黄某波、黄某璞在茶地乡乡干部陪同下，到茶地村走访调查，在家乡找到了父亲黄文荣的兄弟一家，终与失散 80 多年的亲人团聚。

（上杭县档案馆　赵键供稿）

一纸存根补齐工龄

2019年6月,南靖县档案馆工作人员接待了一位姓邹的中年人。邹先生曾在县拖拉机厂和造纸厂工作,后来下岗。到了退休年龄办理手续时被告知,他个人档案里缺少从拖拉机厂调入造纸厂的相关证明,无法确认在造纸厂的那段历史。

听闻南靖县档案馆有可能保存这类档案,邹先生马不停蹄赶来了。档案馆工作人员根据他提供的线索,查找了劳动局、经委、工业局等全宗档案,很快从中找到他从拖拉机厂调入造纸厂的调动介绍信存根,向其提供存根复制件。

过了几天,邹先生又兴冲冲地来到档案馆,

■ 邹先生所赠锦旗

他喜形于色地说:"我的工龄得到确认了!非常感谢你们的帮助,这份档案关系我的切身利益,你们热情接待、不厌其烦地周到服务,让我很感动。"为了表示感谢,邹先生向档案馆赠送一面锦旗,上书"热情服务,为民解忧"几个大字。

(南靖县档案馆 肖宝燕供稿)

"寻根溯源"

寻根溯源，尊宗敬祖，是中华民族的传统美德。2018年4月，广东省陆丰市江梅村李氏一行8人，怀揣记录祖源的手抄本世系录到漳浦寻根谒祖。

根据世系录记载：一世祖高梧公于明朝嘉靖年间移居漳浦县离城三十里，乡名车田大水堡。一行人辗转来到漳浦县档案局寻求"追根溯源"的依据。

漳浦县档案馆重视做好服务工作，仔细查阅馆藏李氏族谱及《漳浦村社要览》等档案资料，助力李氏按档索骥寻根溯源。同时，主动搭建沟通桥梁，派人带队到县政协旧址，联系当地文史研究专家、政协原副主席陈某咪，以及漳浦李氏文化研究会会长、秘书长等人，通过座谈咨询、寻迹考究、现场验证等一番考证，发现离县城三十里、车田大（岱）水堡（社）、吴公谭、覆

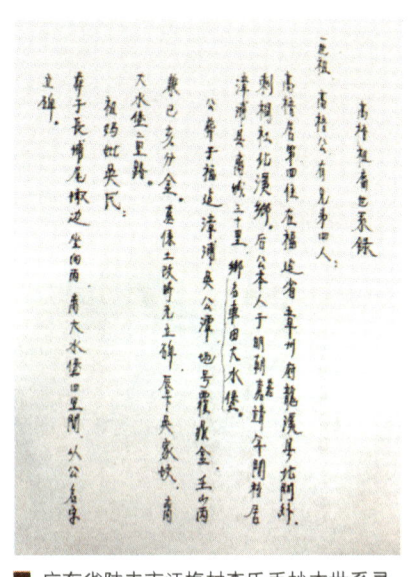

■ 广东省陆丰市江梅村李氏手抄本世系录

鼎金、金公（山）尖、长埔尾等地名、墓葬地点均与世系录记载相符，确认广东陆丰李氏确由漳浦县石榴镇岱水村徒迁而去。此次寻根谒祖，填补漳浦李氏宗亲徒迁广东陆丰繁衍发展而无史实记载的空白，大大方便了日后恳亲联谊。

■ 广东陆丰李氏一行与工作人员合影

（漳浦县档案馆　吴巧君供稿）

祖屋翻新不再愁

2018年8月,诏安县档案馆收到南诏镇沈某平、沈某文兄弟俩的感谢信:"非常感谢档案馆工作人员一心为民服务的好作风,万分感谢!"

兄弟俩曾为祖屋一事大伤脑筋:祖屋翻新重建报批需提交房屋产权证明材料,而他们手上保存的房产所有权证因为破损严重无法识别,无法提交作为证明材料。兄弟俩跑了好几个单位,都没有解决这一棘手的问题。后来从亲朋好友处听说,档案部门可能收藏有土地确权档案,便抱着一线希望来到了诏安县档案馆。

工作人员认真倾听他们的诉求,耐心了解查档线索,细致查阅相关馆藏。经过近一个小时的查找,终于在1951年土地改革房产存根里找到了其所需的土地所有权证明材料。兄弟俩欣喜万分,有了证明房产所有权的档案材料,祖屋翻新重盖不再愁了。

(诏安县档案馆 沈于婷供稿)

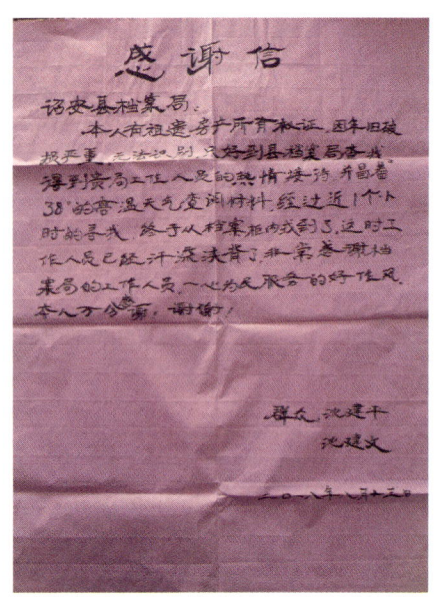

■ 兄弟俩的感谢信

喜出望外

2021年6月3日,刘女士和她的丈夫出现在永泰县档案馆门口,他们一边小心地向里张望,一边轻声交谈,似乎不太确定这是不是他们要找的目的地。

工作人员见状立即接待了他们,并详细了解他们此行的目的。原来,刘女士曾在福州特种电机总厂工作,工厂倒闭后就下岗了。如今到了退休年龄,因档案缺失,部分工龄无法认定,办理退休手续遇到了困难。刘女

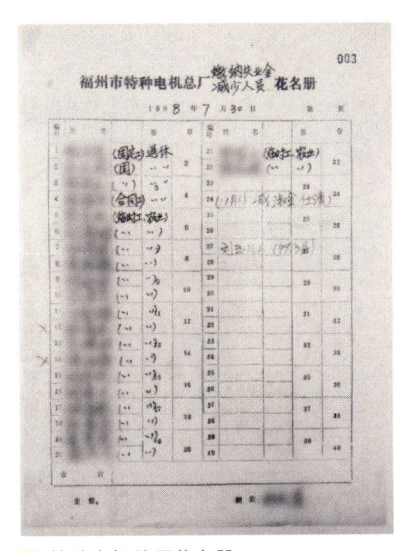

■ 特种电机总厂花名册

士为此已奔走多个地方,去过乡镇,也到过派出所,始终一无所获。最后,在镇干部的指点下,她来到了档案馆。工作人员根据刘女士提供的相关证件,很快在馆藏中检索到特种电机总厂花名册、刘女士的人事档案以及1999年与电机总厂解除劳动关系的合同文件等档案,较为完整地证明了刘女士的工作经历。看到自己找寻许久的材料只用了前后不到十分钟的时间就从打印机里打了出来,刘女士十分激动。拿到已经盖好

鲜红证明章的档案材料,她还有些不敢相信,忍不住跟陪同而来的老公吴先生喃喃地说:"真的这么快就查到了?本来已是无计可施,只想来碰碰运气,没想到有了这么大的收获。档案馆的服务又如此周到细心,是真正地为我们群众着想,太感谢档案馆工作人员了!"

(永泰县档案馆 吴凤娟供稿)

代课教师的离岗待遇

近年,各地区根据中央文件精神,对符合条件的代课教师落实择优招聘、学历补助、养老补助等离岗待遇。

2015年12月,明溪县人民政府出台了《明溪县关于妥善解决辞退代课教师问题的实施方案》。得知这一消息,盖洋镇幼儿园原代课教师吴女士激动不已。可是虽然她完全符合条件,手头却并无任何可证明自己工作履历的材料。她先是回到盖洋镇幼儿园,希望园方能为她出具相关证明材料。了解到相关档案已移交到明溪县盖洋镇镇政府档案室,吴女士又于2016年初找到盖洋镇档案室,向工作人员说明她的来意。档案员热情接待了她,并在盖洋镇幼儿园1981年至1998年工资花名册中为其找到了历年工资册。吴女士喜出望外,档案证明了她17年的代课工龄,意味着到退休年龄时她可享受每月510元的养老补助金。2018年5月,吴女士开始领取代课教师养老补助金,她再次找到档案员表示感谢:"还好有档案为我提供证明,档案工作真是太重要了!"

厦门市于2018年5月出台代课教师工龄和教龄认定及医保、社保配套补缴办法。文件一经发布,思明区档案馆瞬间变成了"代课教师接待中心"。符合医保、社保补缴条件的代课教师纷纷来到档案馆,查询复制代课工龄、教龄证明档案,作为医保、社保补缴凭证。思明区档案

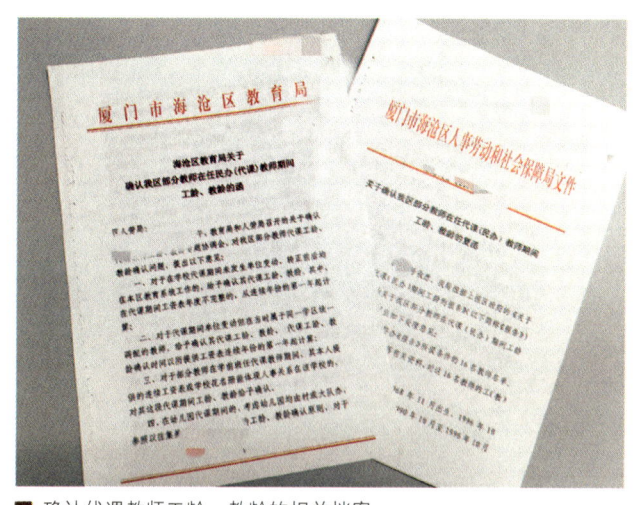

■ 确认代课教师工龄、教龄的相关档案

馆适时启动大规模利用服务应急预案,增设3台查询利用终端,抽调3名工作人员,加班加点全力投入专项利用服务。有时,为帮代课老师找回缺失的1年工龄证明材料,工作人员在库房反复翻查档案忙到深夜。拿到工龄、教龄证明材料的代课老师十分感动,有代课老师接过文件激动地说:"我的工龄究竟多长,说实在的,连我自己都记不太清楚了,想不到档案馆居然有这么详细的记录,档案真的太重要了!"

(明溪县档案馆　罗艳珊　厦门市海沧区档案馆　林佳惠　联合供稿)

姚警官的结婚证

姚警官曾在惠安县某部队服过兵役。2016年6月，正在办理房产登记的姚警官夫妇被告知，因统一换发新警官证，其2007年在惠安县登记结婚的证件已失效，需提供婚姻登记证明到现部队驻地莆田的婚姻登记中心重新补办登记手续。

姚警官妻子郁女士致电惠安县档案馆，咨询婚姻档案查阅事宜。工作人员根据郁女士提供的信息，在馆藏档案查阅系统中检索到两人结婚登记审查表后，即为郁女士详细说明公休日预约查档的具体手续。6月26日，正值周日休息，惠安县档案馆专门安排值班人员，按预约时间为从莆田赶来的郁女士开辟绿色查档通道，受理婚姻查档申请。郁女士满意而归，并对档案馆的便民举措连连称赞。

■《惠安乡讯》相关报道

《惠安乡讯》以《县档案馆积极提升查档效率》为题对县档案馆的便民服务进行了报道，档案服务民众的便利举措广获好评。

(惠安县档案馆　黄应祥供稿)

档案助领失地补偿金

2020年12月,泉港区路口村有部分村民因遗失了土地承包凭证,无法办理失地补偿。为此,路口村委会派工作人员陈某到泉港区档案馆,查找该村村民第二轮土地承包确权档案。

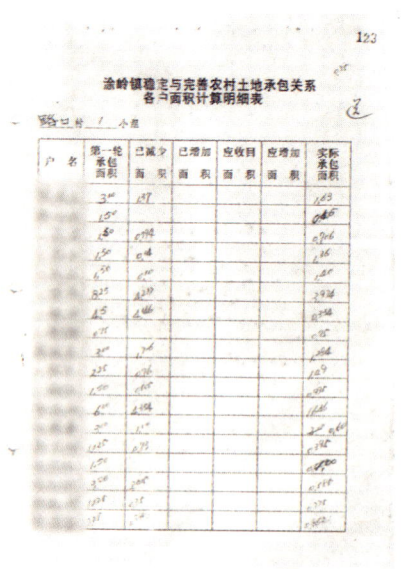

■ 泉港区路口村土地承包档案

工作人员细心查阅时发现,陈某提供的部分村民名字与实际土地登记确权的名字有出入,导致查找困难。工作人员现场耐心拨打村民电话,挨家挨户排查各户土地承包登记的确权名字,费时三个小时,终为每户村民查证并打印土地承包确权档案。档案上详细记载的土地确权登记面积,为村委会开展失地补偿提供参考依据,也为村民们获取失地补偿提供了原始凭证。

一周后,路口村的工作人员特意来电表示感谢:"真的非常感谢贵馆及工作人员,有了工作人员的支持与配合,我们全村村民都领到了失地补偿金。"

(泉州市泉港区档案馆 潘婷供稿)

失而复得的工龄

"感谢!在游同志耐心地寻找下,我的原始档案终于找到了,使原来的错误得到更正,加了4年半的工龄。档案起了大作用,让我得到了应有的收入,谢谢有关人员。"三明一中退休教师林老师,摘下鼻梁上的老花镜,凑到这封感谢信前,仔仔细细检查一遍以后,才郑重地交到了三明市档案馆工作人员手上。

林老师退休后,一次偶然的机会发现自己的退休金相比工龄相近的其他教师少了许多。一番了解后才发现,是因为自己1974年至1977年在明溪县城关镇余坊中学担任民办教师的4年半工龄没有被确认。

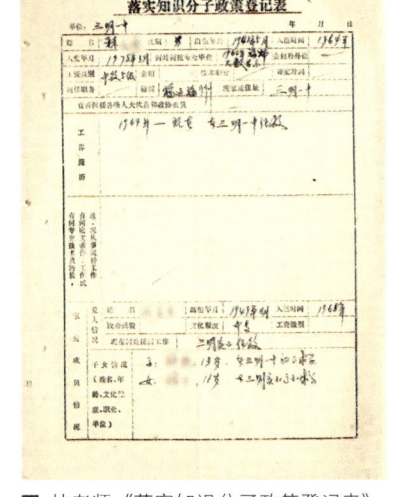

■ 林老师《落实知识分子政策登记表》

2019年10月,他从莆田来到三明,试图查找这4年半的工龄证明材料。他先后辗转去了明溪多个部门,均一无所获。抱着试试看的心态,他来到三明市档案馆。根据林老师的介绍,这段经历不光在人事档案里没有体现,原工作单位三明一中档案室也找不到。情况虽不乐观,工作人员仍尝试切换姓名、校名、民办教师等多个关键词，不厌其烦地为其检索档案数据库，不放过任何一条可能的条目，但均没有收获。工作人员分析：手工调阅三明一中相关案卷文件目录，也许会有别的线索和发现。说干就干，俩人着手开始一条条地翻查三明一中案卷和全引目录，只要判断有可能会关联的文件都调出档案实体查阅。一小时过去了，两小时过去了……一转眼下班的时间都到了仍一无所获。工作人员指着仅剩的几本目录安慰林老师："再找找，这几本翻完，就算找不到，起码心安了。"功夫不负有心人，经过一番抽丝剥茧般的"海选"，终于在《落实知识分子政策登记表》找到了林老师担任民办教师的履职记录。拿到加盖着档案证明章的材料，林老师心里依旧忐忑：这样一份佐证材料到底有没有用啊？工作人员宽慰他："没关系，如果没办法证明，我们再找就是了。"

第二天临下班时，林老师兴奋地回到了档案馆带来了他的好消息：4年半的工龄确认了！于是档案馆查档大厅出现了上述感人的一幕：林老师拿出纸笔，戴上老花镜，一笔一画地写起了感谢信。

（三明市档案馆　游志高供稿）

民心举过头
服务送上门

2017年,莆田市城厢区落实《福建省部分计划生育家庭奖励扶助制度实施细则》,对符合条件的独生子女户、农村二女结扎户、特扶家庭,医保缴费予以减免。自政策实施以来,每天都有大批群众到区档案馆查阅婚姻档案。10月20日上午,城厢区华亭镇后山村的村民许先生来到区档案馆档案室查阅婚姻档案。但是,这名群众有点特殊,因为他是替他亲戚许某来查阅,然而按照婚姻法规定,在没有公证委托的前提下是无法查阅他人婚姻信息的。许先生出示了许某的户口簿、身份证等证件,神情焦急地告诉工作人员,由于一些特殊的原因,许某请他帮忙实属无奈。工作人员了解具体情况后,马上向局领导汇报了此事。本着为民服务的原则,局领导决定特事特办,在不违反档案利用规定的前提下,由工作人员提前复印好相关档案,

■ 工作人员送档上门的服务现场

上门服务,让许先生留下联系电话,并转告许某在家耐心等待。

第二天,工作人员带着复印好的婚姻档案送到了许某家,许某的母亲一见他们,激动得热泪盈眶,还不停地感谢政府新政策的优待!工作人员按规定查证了许某的相关证件后,把这份沉甸甸的婚姻证明交到了他手中,为他办理独生子女医保缴费减免手续提供了原始凭证。

(莆田市城厢区档案馆　陈婷供稿)

重回故乡落户

平潭大练乡月举村村民杨先生,十几岁前一直生活在月举村,直到20世纪70年代初,杨先生被海洋渔业处招收成为一名捕捞工人,自此他的户籍关系从月举村迁出到海洋渔业公司。几十年过去了,少年离家便很少回家的杨先生到了退休的年龄,退休后他愈加思念家乡和亲人,特别是一直还在月举村生活的90多岁的老母亲。他想在母亲在世时陪伴左右及时行孝。为此,他决定回乡办理户籍迁移手续,把自己的户籍迁回老家月举村。

回乡后,杨先生首先来到了当地边防派出所,派出所的干警了解情况

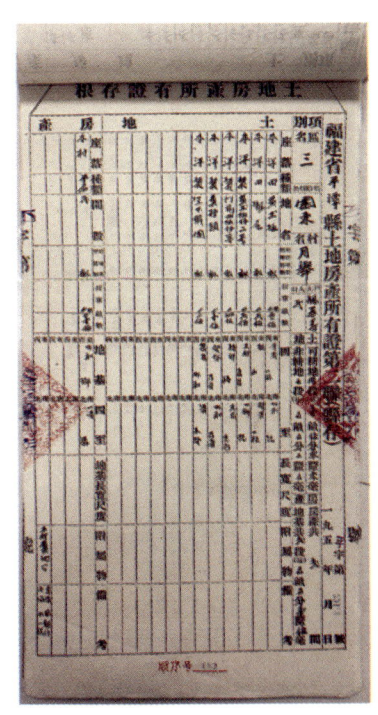

■ 土地证档案

后向杨先生讲解了迁移户口回乡必须具备两个条件:一是杨先生母亲现在居住的老家房子必须备有其父母名字的房产证;二是需要材料证明杨先生与他父亲的父子关系。在边防派出所工作人员的指导下,他来到平

潭综合实验区档案馆。工作人员在了解他的来意后,马上为他查找档案。因杨先生父亲已过世几十年,且在90年代初没有办理土地确权,查找土地及房产信息确实很有难度。工作人员查找了大量的房产土地证档案,终于找到了50年代初土地改革时财金局登记在册的杨先生父亲的房产证。之后,工作人员又查找了全国人口普查档案,从1964年的人口普查档案中找到了能够证明杨先生与父母亲属关系的人口资料。杨先生喜极而泣,没想到这么有难度的查找工作,竟然顺利地完成了,他十分感激,不停向工作人员道谢:"是档案帮我圆了回乡梦啊。"

目前,杨先生顺利落户老家月举村。

(平潭综合实验区档案馆　杨惠华供稿)

档案巧牵线，重叙同窗情

2017年11月20日上午，几名乡村老赤脚医生不约而同地来到建阳区档案馆寻求帮助。经过一番沟通得知，他们在20世纪60年代参加过赤脚医生培训班，后来在村卫生所工作，按照国家政策，乡村医生可以领取养老补贴，他们符合条件，但没有相关资历证明，所以来档案馆查找相关档案资料。

起初他们并没有认出对方，当工作人员询问姓名进行检索的时候，因为名字耳熟相互攀谈后发现，他们多数人居然是同一批赤脚医生培训班的同学！了解情况后工作人员立即查找档案，在建阳县卫生局、县计生局及各有关乡（镇）的文书档案中查找到《建阳县"赤脚医生"选送登记表》《建阳县"赤脚医生"学员选送登记表》《建阳县赤脚医生培训班学员小结表》《赤脚医生呈批表》等相关档案材料

■ 老赤医在建阳区档案馆查档

并提供利用。

拿到档案后,他们又通知各自的同学来区档案馆查档,有人提议趁着老同学们都来建阳查档,中午大家一起聚一聚、叙叙旧,区档案馆俨然成了他们聚会的集中地,当天上午共有8位老赤医在区档案馆重聚。他们有人带来了当时培训的照片,有人带来培训时的纪念册,看到故人旧物,他们有聊不完的话题,最后他们还建起微信群方便联系。

■ 建阳县1974年第二期赤脚医生培训班结业合影

2016年10月至2018年1月,陆续有41名老乡村医生前来查档,他们情况各不相同,有的是赤脚医生,有的是乡村医生,还有的是接生员;有参加过县级培训的,也有参加过地区级培训的;还有曾经下放进行血吸虫病防治的。但因年代久远,相关档案资料的归档保存并不够完善,查找起来有一定难度。档案馆工作人员耐心倾听他们的讲述,根据有限的线索,抽丝剥茧,提供了《建阳地区赤脚医生第一期复训班实习鉴定表》《卫生工作先进个人登记表》《建阳县卫生革命计划生育先进个人登记表》《建阳县卫生革命先进个人登记表》《建阳县计划生育手术人员学习选送表》等档案71卷83件,为41名老乡村医生(赤脚医生、接生员)享受养老补贴提供档案证明。

(南平市建阳区档案馆　严婷婷供稿)

一纸牵两岸

2016年10月的一天,福州大学的退休教师董先生来到福建省档案馆查找他的外公王怀英的相关档案资料。董先生表示,如果有所收获,他要第一时间告诉远在台湾的表亲,因为他们也一直牵挂着外公的消息。在工作人员的热情帮助下,董先生根据自己的点滴记忆展开搜索,终于在馆藏档案资料——《陆军军官学校第六期同学录》中找到了相关记录。董先生

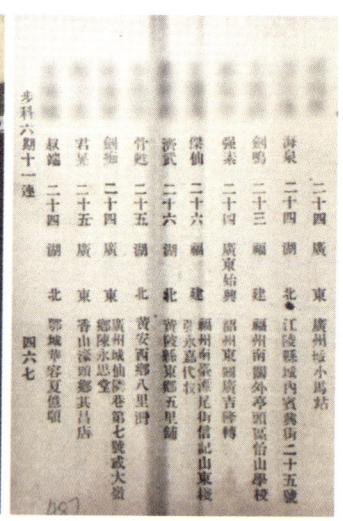

■ 陆军军官学校第六期同学录

高兴极了,马上用微信告知远在台湾的表亲:"我们外公的资料终于找到了!"董先生对本次查档非常满意,在留言簿上写道:"这对我们传承家史非常用,对增进两岸了解也很有帮助。谢谢!"

(福建省档案馆　陈昕供稿)

■ 后 记

　　2016年，原福建省档案局（馆）在全省档案部门选送的档案利用服务实例基础上，经过精心挑选整理汇编出版《档案有什么用？》，获得各界的好评，并热切希望续编。

　　"十三五"期间，福建全省档案部门持续接力，坚持服务大局、服务社会、服务民生的方向，档案利用在服务资政决策、经济建设、文化传播和社会民生等方面发挥了积极的作用，产生了许许多多鲜活的档案利用实例。福建省档案馆、福建档案学会向各地征集并从无数的档案利用实例中选取120则，精心整理编撰《档案有什么用？（第二辑）》。

　　本书的编撰倾注了众多档案人的心血。从档案利用实例的征集到编辑出版，得到许多单位、有关人士的支持和帮助，特此表示感谢。感谢所有参与档案利用实例征集供稿的单位和作者。卓兆水局馆长在百忙之中审阅文稿，黄建峰副馆长、纪峰二级巡视员提出审改意见，颜梓森处长周密部署编撰工作。陈惠芳、余颖、陈昕、林燕玲、陈亚、卓锋锦、赵宝娟参与本书实例的选取和编辑、审改。全书由陈惠芳总纂。尽管我们在编撰过程中慎之又慎，但因时间仓促，学识水平有限，错讹之处在所难免，敬请读者批评指正。

编　者
2022年5月

图书在版编目（CIP）数据

档案有什么用？. 第二辑 / 福建省档案馆，福建省档案学会编. -- 福州：福建美术出版社，2022.5
ISBN 978-7-5393-4363-1

Ⅰ. ①档… Ⅱ. ①福… ②福… Ⅲ. ①档案利用－案例－中国 Ⅳ. ① G273.5

中国版本图书馆 CIP 数据核字（2022）第 073631 号

出 版 人：郭武
责任编辑：郭艳

档案有什么用？（第二辑）

福建省档案馆　福建省档案学会　编

出版发行：福建美术出版社
社　　址：福州市东水路 76 号 16 层
邮　　编：350001
网　　址：http://www.fjmscbs.cn
服务热线：0591-87669853（发行部）　87533718（总编办）
经　　销：福建新华发行（集团）有限责任公司
印　　刷：福州万紫千红印刷有限公司
开　　本：889 毫米 ×1194 毫米　1/16
印　　张：17.25
版　　次：2022 年 5 月第 1 版
印　　次：2022 年 5 月第 1 次印刷
书　　号：ISBN 978-7-5393-4363-1
定　　价：89.00 元

版权所有，翻印必究